新营销
新电商

全彩版

新媒体电商运营指南

电商教育 编著

中国水利水电出版社
www.waterpub.com.cn
·北京·

内 容 提 要

《新媒体电商运营指南》是一本针对短视频创作者、电商直播带货从业人员以及没有任何经验但是想加入短视频、电商行业从业者的入门教材。本书主要讲述了短视频运营和直播带货运营等内容。

在当今数字化时代，新媒体电商崭露头角，其中抖音作为杰出代表，凭借其强大的内容生态、庞大的用户基础和创新的营销策略为电商行业开辟了新蓝海。抖音实现了"边看边买"的无缝链接购物体验，引领电商革命。本书就以抖音为例，探讨新媒体电商的运营之道。

本书内容主要分为 3 部分：第 1 部分为抖音运营基础（第 1～3 章），主要讲解抖音人设要立好、短视频拍什么更容易获得流量、创作热门短视频；第 2 部分为抖音短视频运营与变现（第 4～5 章），主要讲解短视频运营与复盘、短视频的变现模式；第 3 部分为抖音直播带货运营（第 6～8 章），主要讲解直播带货选品与团队组建、直播带货内容策划、直播带货运营与复盘。

本书适合新媒体、短视频、直播带货等领域的入门读者参考学习。

图书在版编目（CIP）数据

新媒体电商运营指南 / 电商教育编著. — 北京：中国水利水电出版社, 2024.10. — (新营销·新电商).
ISBN 978-7-5226-2741-0
Ⅰ.F713.365.1-62
中国国家版本馆 CIP 数据核字第 2024AW9203 号

丛 书 名	新营销·新电商
书 名	新媒体电商运营指南 XINMEITI DIANSHANG YUNYING ZHINAN
作 者	电商教育　编著
出版发行	中国水利水电出版社 （北京市海淀区玉渊潭南路 1 号 D 座　100038） 网址：www.waterpub.com.cn E-mail: zhiboshangshu@163.com 电话：(010) 62572966-2205/2266/2201（营销中心）
经 售	北京科水图书销售有限公司 电话：(010) 68545874、63202643 全国各地新华书店和相关出版物销售网点
排 版	北京智博尚书文化传媒有限公司
印 刷	北京富博印刷有限公司
规 格	148mm×210mm　32 开本　5 印张　166 千字
版 次	2024 年 10 月第 1 版　2024 年 10 月第 1 次印刷
印 数	0001—3000 册
定 价	59.80 元

凡购买我社图书，如有缺页、倒页、脱页的，本社营销中心负责调换

版权所有·侵权必究

前　言

在这个快速发展的数字时代，短视频和直播已经成为我们生活中不可或缺的一部分。如何在这个纷繁复杂的网络世界中找到自己的定位，创造出别具一格的内容并吸引观众的关注，已成为许多创作者和企业面临的关键问题。

本书旨在为广大短视频、直播带货从业者和爱好者提供全面、实用、新颖的指南。本书将教你如何从短视频运营的基础出发，掌握短视频和直播带货的运营技巧，深入挖掘用户需求，以此为基础，制定成功的运营策略。同时，还将通过案例分析，进一步理解如何更好地制作高质量的短视频及进行直播带货。

为了让读者朋友更好地精通短视频，本书赠送以下内容：
- 《1000 个短视频达人账号名称》电子书。
- 《200 个直播带货达人账号名称》电子书。
- 《30 秒搞定短视频策划》电子书。

资源获取方式

扫描下方的二维码，或者在微信公众号中搜索"设计指北"，关注公众号后发送 A2741 至公众号后台，即可获取本书的资源下载链接。

注意：由于抖音等 App 或平台的功能时常更新，本书介绍的内容与读者实际使用的 App 界面、按钮、功能和名称等可能会存在差异，但基本不影响使用。同时，作为创作者也要时刻关注政策要求和平台动向，创作符合平台规范的作品。

本书由电商教育组织编写。其中，曹茂鹏、瞿颖健负责主要编写工作，参与本书编写和资料整理的还有杨力、瞿学严、杨宗香、曹元钢、张玉华、孙晓军等人，在此一并表示感谢。

编 者

目　录

第 1 章　抖音人设要立好 001

1.1　了解抖音机制 002
  1.1.1　认识短视频平台 002
  1.1.2　抖音机制简介 002
1.2　抖音账号起名技巧 003
1.3　抖音用户画像与定位 005
1.4　打造抖音的 IP 人设 006
  1.4.1　打造人设时的思考方向 006
  1.4.2　常见的抖音 IP 人设定位 ... 008
  1.4.3　抖音人设案例 009
1.5　热门短视频的核心数据 010
  1.5.1　提升点赞数 011
  1.5.2　提升评论数 011
  1.5.3　提升转发数 011
  1.5.4　提升收藏数 012

第 2 章　短视频拍什么更容易获得流量 013

2.1　短视频拍什么选题更容易火 014
  2.1.1　短视频的类型 014
  2.1.2　短视频的创作流程 015
  2.1.3　个人短视频拍什么 016
  2.1.4　企业短视频拍什么 017
  2.1.5　不知道拍什么？搜索
　　　　"创作灵感" 018
  2.1.6　不知道怎么拍？下载
　　　　"巨量创意" 019
2.2　短视频拍摄设备、场地 020
  2.2.1　使用手机或相机拍摄 020
  2.2.2　拍得稳才是硬道理 021
  2.2.3　提升画面效果的"神器"——
　　　　补光灯 022
  2.2.4　不可忽视的收音设备 022
  2.2.5　记不住台词？用提词器 ... 025
  2.2.6　合适的室内拍摄场地 025
  2.2.7　户外拍摄也不错 027
  2.2.8　拍摄与制作短视频的 App ... 028
2.3　短视频拍摄脚本 029
  2.3.1　口播、测评、知识类短视频
　　　　脚本怎么写 029
  2.3.2　旅行、探店、采访类短视频
　　　　脚本怎么写 030
  2.3.3　剧情类短视频脚本怎么写 ... 030
  2.3.4　使用"海螺剧本编辑器"
　　　　轻松写脚本 032
  2.3.5　跟着剪映内置脚本拍摄 ... 033

第 3 章 创作热门短视频 035

3.1 热门短视频策划技巧 036
- 3.1.1 创意组合，轻松打造出众短视频策划方案 036
- 3.1.2 对比效果画面，独特且有趣 038
- 3.1.3 提前展示惊艳成果 039
- 3.1.4 跟上热门话题，让视频更受欢迎 039
- 3.1.5 拍同款，轻松上热门 039
- 3.1.6 接受热门视频的"挑战" 041

3.2 热门短视频拍摄与制作技巧 041
- 3.2.1 视频重复的"仪式感" 041
- 3.2.2 逆向思维 042
- 3.2.3 节奏感更强的卡点剪辑 043
- 3.2.4 配乐的妙用 043
- 3.2.5 创意字幕 044

3.3 优质文案撰写技巧 044
- 3.3.1 短句文案（模板）......045
- 3.3.2 短句文案（公式）......045
- 3.3.3 长句文案（公式）......046

第 4 章 短视频运营与复盘 049

4.1 发布与推广 050
- 4.1.1 发布时间 050
- 4.1.2 发布定位，聚焦同城用户 051
- 4.1.3 带着话题发布作品 051

4.2 好作品，投 DOU+ 052

4.3 使用"电商罗盘"复盘短视频数据 053

4.4 使用"巨量算数"复盘短视频数据 054

4.5 使用"达人广场"复盘短视频数据 056

4.6 使用"蝉妈妈"复盘短视频数据 057

第 5 章 短视频的变现模式 059

5.1 开通抖音小店 060
- 5.1.1 抖音小店入驻要求 060
- 5.1.2 抖音小店入驻步骤 060
- 5.1.3 通过"小店随心推"增加店铺热度 061
- 5.1.4 通过"巨量千川"增加店铺热度 062

5.2 在橱窗、视频、直播中推广产品 063

5.3 短视频带货 065
- 5.3.1 根据粉丝画像判断带货类型 065
- 5.3.2 在抖音"选品广场"中找到热销商品 066
- 5.3.3 在其他电商平台中寻找热销商品 066
- 5.3.4 借助其他数据平台找到热销商品 067
- 5.3.5 巧用"电商罗盘"，轻松选择爆品 068
- 5.3.6 主动联系品牌商家 069
- 5.3.7 销售自有商品 069
- 5.3.8 挖掘爆品与潜力品 070

5.4 承接"巨量星图"广告任务变现 070
5.4.1 开通"巨量星图"承接广告任务 070
5.4.2 让客户找到你 071
5.5 承接官方任务变现 072
5.5.1 全民任务 072
5.5.2 中视频计划 072
5.5.3 星图 × 游戏发行人计划 073
5.5.4 变现任务中心 073
5.5.5 视频赞赏 073
5.5.6 剧有引力 074
5.5.7 团购带货 074
5.5.8 站外播放 074
5.6 "小程序推广计划"变现 074
5.7 承接探店广告 075
5.8 线上直播转线下成交 075
5.9 知识付费 076
5.9.1 如何使知识付费类短视频更热门 076
5.9.2 如何提高付费内容的成交量 077
5.9.3 知识付费类短视频的常见形式 077

第6章 直播带货选品与团队组建 079

6.1 直播带货的流量机制 080
6.1.1 直播流量机制 080
6.1.2 "流量池"机制 080
6.1.3 如何进入更高的流量池层级 081
6.2 直播带货选品策略与方法 081
6.2.1 确定目标受众和直播方向及带货类型 081
6.2.2 分析市场需求与趋势 083
6.2.3 选品标准、流程及要求 084
6.3 免费福利、福利品、销量品及利润品 087
6.4 组建直播带货团队 088
6.4.1 组建小型直播带货团队 089
6.4.2 组建大型直播带货团队 089
6.4.3 制定绩效奖励和股权激励 090
6.5 定价与活动 091
6.5.1 定价策略与方法 091
6.5.2 促销活动与价格策略 092
6.5.3 商品定价及利润计算 092

第7章 直播带货内容策划 094

7.1 直播带货策划与准备 095
7.1.1 分析受众的喜好与需求 095
7.1.2 确定直播风格与定位 095
7.1.3 选定直播主题 096
7.1.4 筛选合适的商品 096
7.1.5 开播前的商品特性分析 097
7.1.6 直播商品的上架逻辑 097
7.1.7 开播前的准备工作 098
7.2 布置直播间 099
7.2.1 直播间取景 099
7.2.2 直播间风格布置 100
7.2.3 直播间灯光 100
7.2.4 主播服装 102
7.2.5 直播道具 103
7.2.6 音频设备 103
7.2.7 直播背景音乐 103

7.2.8 设置直播间名称和标签 103
7.3 直播带货的不同形式 103
　　7.3.1 亲切互动式直播带货 103
　　7.3.2 实验演示式直播带货 104
　　7.3.3 娱乐互动式直播带货 104
　　7.3.4 自然环境试用式直播带货 ... 104
　　7.3.5 实地操作式直播带货 105
　　7.3.6 现场 DIY 式直播带货 105
　　7.3.7 产地直播带货 105
　　7.3.8 实体店体验式直播带货 106
　　7.3.9 节日促销活动直播 106
　　7.3.10 与线下实体店的互动
　　　　　推广 107
　　7.3.11 低价折扣式直播带货 107
7.4 直播中各个环节的内容策划 108
　　7.4.1 开场环节规划 108
　　7.4.2 商品介绍与展示环节 108
　　7.4.3 互动环节设计 109
　　7.4.4 促销与优惠活动环节 109
7.4.5 结束语与告别环节 109
7.4.6 互动游戏设计 110
7.4.7 问答环节设置 110
7.5 直播话术与互动技巧 110
　　7.5.1 "暖场"话术 111
　　7.5.2 "商品"话术 112
　　7.5.3 "福利品"话术 113
　　7.5.4 "销量品"话术 113
　　7.5.5 "利润品"话术 114
　　7.5.6 "发福利"话术 114
　　7.5.7 "观众互动"话术 115
　　7.5.8 "促单"话术 115
　　7.5.9 "分享直播间"话术 116
　　7.5.10 "流程引导"话术 116
　　7.5.11 "下播"话术 116
　　7.5.12 人气不足不是问题，留住
　　　　　观众才是关键 117
　　7.5.13 话术举例：筋膜枪 119

第 8 章　直播带货运营与复盘 121

8.1 直播前的预热与宣传 122
　　8.1.1 发布预告与倒计时 122
　　8.1.2 制作短视频为直播间
　　　　　引流 122
8.2 设计直播间内的促销与活动 122
　　8.2.1 设计有吸引力的优惠
　　　　　活动 123
　　8.2.2 制定合理的促销策略 123
8.3 新手直播带货，如何快速
　　"起号" 123
　　8.3.1 新手直播注意事项 124
　　8.3.2 新手直播，7 天快速
　　　　　起号 125
8.4 新人刚开播的运营技巧 126
　　8.4.1 刚开播，不要着急
　　　　　做成交 127
8.4.2 直播数据的 3 种状态 127
8.4.3 稳定直播数据曲线，让人气
　　　和成交循环起来 128
8.4.4 稳住人气的常见方法 128
8.5 免费为直播间增加热度 129
　　8.5.1 推荐 129
　　8.5.2 关注 129
　　8.5.3 商城 129
　　8.5.4 同城 129
　　8.5.5 直播广场 130
　　8.5.6 短视频 130
8.6 付费为直播间增加热度 130
　　8.6.1 使用 DOU+ 为直播间
　　　　　或短视频增加热度 130
　　8.6.2 使用"小店随心推"
　　　　　为直播间增加热度 131

- 8.6.3 使用"巨量千川"为直播间增加热度 131
- 8.6.4 使用"本地推"为直播间增加热度 133
- 8.6.5 使用"广告"为直播间增加热度 133

8.7 使用"蝉妈妈"进行直播复盘 134

8.8 使用"电商罗盘"进行数据分析 139
- 8.8.1 直播前的选品数据分析 139
- 8.8.2 直播中的实时数据分析 140
- 8.8.3 直播后的诊断数据分析 140

8.9 直播带货数据优化 140
- 8.9.1 带货口碑低 141
- 8.9.2 平均停留时长短 141
- 8.9.3 带货转化率低 142
- 8.9.4 互动率低 143
- 8.9.5 粉丝团新增人数少 144
- 8.9.6 客单价高 145
- 8.9.7 转粉率低 146
- 8.9.8 平均在线人数少 146

第 1 章
抖音人设要立好

本章内容简介

本章主要围绕抖音运营的基本知识展开讲解,主要包括了解抖音机制、抖音账号起名技巧、抖音用户画像与定位、打造抖音的 IP 人设、热门短视频的核心数据等内容。

重点知识掌握

- 了解抖音机制
- 抖音账号起名技巧
- 抖音用户画像与定位
- 打造抖音的 IP 人设
- 热门短视频的核心数据

1.1 了解抖音机制

学习抖音运营之前，首先要熟知平台的机制。其中包括推荐算法、用户画像、账号画像、流量池机制等内容。

1.1.1 认识短视频平台

当下短视频的应用场景主要包括短视频社交和短视频电商两方面，如抖音、快手、微信视频号、小红书、淘宝、微博、知乎、哔哩哔哩等平台。不同的平台其视频内容侧重点及视频时长略有不同。如抖音、快手、微信视频号、小红书、淘宝等平台的视频时长普遍更短，而微博、知乎、哔哩哔哩等平台的视频时长稍长。

1.1.2 抖音机制简介

在抖音上发布的视频不仅会被粉丝[1]用户观看，还会被非粉丝用户观看。这意味着，即便没有粉丝，发布的视频也有可能获得大量的播放、点赞和评论，从而成为热门短视频。要实现这一目标，首先需要了解抖音短视频的推荐机制。

1. 推荐算法

首先，抖音会根据用户的视频偏好进行数据分析，然后向具有相似偏好的用户推荐相应的视频。这就是为什么当自己喜欢观看某一类视频时，会不断出现类似的视频内容。

2. 用户画像

"用户画像"是抖音对用户的一种分类和判断。例如，当用户注册一个新账号后，系统就会自动推送一些短视频。抖音会统计用户观看的每个视频的时间、播放次数、点赞、评论和关注等数据，以此判断用户的偏好，并给用户添加相应的标签。根据这些标签，抖音会推荐相关视频给用户观看。

3. 账号画像

"账号画像"是指创作者发布的短视频作品的类型和领域，这有助于让具有相同兴趣的用户找到自己感兴趣的内容。抖音会根据创作者发布的视频内容对账号进行分类，并向具有相关兴趣的用户推送。因此，在发布短视频

---

[1] 编者注：本书中将关注视频创作者的用户称为粉丝。

时，尽量多发布一些领域明确的视频，以便抖音更容易推荐。例如，美食类短视频账号应尽量减少发布与美食无关的视频。

4.流量池机制

"流量"是指短视频的曝光程度，而"流量池"是指短视频可获得的流量的容器。流量池越大，视频就会被更多人观看；视频越受欢迎，就越有可能进入更高级别的流量池。

当用户发布一条短视频后，抖音会根据算法为每个短视频分配一个具有平均曝光量的初始流量池。每条短视频的内容和观众反馈（如观看时长、点赞数、评论数、收藏量等）也各不相同。抖音的算法会根据这些数据判断视频的质量，并根据视频的标签和内容定位，将其推送到更大的精准流量池。在这个更大的流量池中，视频会自动向更多人推送。

抖音短视频流量池机制		
流量等级	播放量/次	审核方式
初始流量池	300～500	机器审核
千人流量池	3000～5000	机器审核
万人流量池	1万～2万	人工审核介入
初级流量池	10万～15万	机器审核+人工审核
中级流量池	40万～60万	机器审核+人工审核
高级流量池	200万～300万	机器审核+人工审核
热门流量池	700万～1100万	机器审核+人工审核
全站推荐	3000万	机器审核+人工审核

注：数据随时更新，仅供参考。

1.2 抖音账号起名技巧

账号的名称就像是人的名字，是一个标签或一种符号。想要让人们记住，首先就要让人们熟悉，使人们通过名称就能了解到该账号的类型，甚至猜到创作者的性格。切记，取名尽量不要带有生僻字、标点符号、贴图等，否则用户搜索起来会比较困难。

游戏类	美食类
 不睡觉的小悠	 厨先生
美妆类	搞笑类
 美妆柜姐 Vicky	 种土豆的三兄弟

下面列举几种实用、简单的账号起名技巧。

账号起名技巧	案例	拓展案例
个人特点 + 创意元素	健身猛男杰克	环游世界的小明
简洁 + 直观	糖果甜心	影子大师
主题 + 行业	时尚达人 Molly	美食探险家
语言游戏 + 文化元素	音"悦"有你	开卷有"毅"
当前话题 + 流行趋势	绿色行动家	王者荣耀小将
地域名称 + 地域文化元素	四川火锅侠	北京烤鸭传奇
独特性 + 易读易记	厨先生	潮流教父
易读易记 + 相关性	舞蹈狂想	健身教练 Jeff
相关性 + 融合趣味性	瑜伽女神	美妆柜姐 Vicky
融合趣味性 + 热门元素	电影小达人	星座大师
接地气 + 名字	种土豆的三兄弟	卖瓜的老王
某个专业领域 + 名字	高级建筑师小李	资深程序员阿明
独特性 + 主题	不睡觉的小悠	小李站着写代码
主题 + 融合趣味性	健康小厨师	心理学家阿波
融合趣味性 + 当前话题	环保先锋	育儿专家妈妈熊
当前话题 + 地域名称	广州美食探险家	上海时尚博主
地域名称 + 主题	北京胡同游	成都茶馆故事

1.3 抖音用户画像与定位

在创作抖音短视频并进行运营之前，首先需要明确账号的目标受众。如果只是为了记录日常生活，那么无须关注目标人群；如果想让短视频受到更多关注，吸引有价值的粉丝，并最终实现盈利，那么设定目标人群就显得至关重要。

可以考虑以下目标人群，如摄影爱好者、游戏玩家、宠物爱好者、旅行者、时尚达人、语言学习者等。深入了解这些人群的特点、兴趣和消费行为，以推导出消费习惯和购买力，为筛选合适的变现方式奠定基础。

在明确目标人群之后，要针对他们的需求和喜好进行深入分析，从而有针对性地设计短视频内容。以下是针对部分目标人群的选题方向。

目标人群	选题方向
摄影爱好者	摄影技巧、器材推荐、拍摄地点、后期制作
游戏玩家	游戏攻略、新游推荐、赛事报道、游戏周边
宠物爱好者	宠物护理、宠物食品、训练技巧、宠物用品
旅行者	旅游目的地、当地美食、旅行装备、旅行攻略
时尚达人	潮流穿搭、美妆教程、护肤品推荐、时尚资讯
语言学习者	学习技巧、词汇记忆、实用短语、听说读写练习

建议创作者专注于某一"垂直"领域,即为特定人群提供专业服务。例如,专注于户外探险的账号不要发布美食烹饪类或其他类短视频。将精力集中在一个具体的方向,即使是细分的领域,也有助于提高账号的识别度。通过垂直定位特定领域的账号,可以在庞大的流量池中迅速吸引目标受众,从而更容易实现后期变现。这种账号称为"垂直账号"。

1.4 打造抖音的 IP 人设

在运营抖音账号之前,首先要明确账号的目标人群,并针对其需求进行深入分析。接下来,需要有针对性地将账号塑造成一个具有辨识度的 IP,打造出独特的"人设"。一个独特的人设可以在特定领域中吸引更多的粉丝,为未来短视频和直播带货提供更多的盈利机会。我们需要关注的不仅是粉丝的数量,更要注重粉丝的精准度。

1.4.1 打造人设时的思考方向

例如,一个专注于美食领域的抖音账号,可以将自己打造成一位热爱烹饪、擅长分享美食制作过程的美食达人。为了打造这个人设,可以从以下几个方面进行思考。

1. 我是谁?

我是一位热爱烹饪的美食爱好者,喜欢尝试不同的菜系和食材,并且喜欢分享自己的独家烹饪技巧。

2. 我有什么特别之处?

除了独特的烹饪技巧,我还可以结合自己的旅行经历,分享不同地区的美食文化和特色食材。这样一来,我的视频内容不仅具有教学价值,还能提高趣味性并增强观众的好奇心。

3. 我能提供哪些高质量内容?

通过发布短视频教程,我可以向粉丝分享各种美食的制作过程,包括家常菜、小吃、甜品等。此外,我还可以通过直播的形式与粉丝互动,解答他们在烹饪过程中遇到的问题,提高粉丝的黏性。

美食类垂直账号

1.4.2　常见的抖音 IP 人设定位

在抖音上，IP 人设定位有许多种，而合理的人设定位对于吸引粉丝和实现后期变现都起着至关重要的作用。以下是常见的人设定位及其应具备的特质。

人设定位分类	应具备的特质
知识达人角色设定	具备丰富的专业知识和知识储备
	能够分享科学知识、心理学知识、健康养生知识等内容
	能够提供有趣的知识点和实用技巧，让观众学到知识
亲和力角色设定	塑造温暖、亲切的形象
	能够提供家庭生活、亲子教育、情感建议等内容
	能够与观众拉近距离，展现真实生活的一面
创意达人角色设定	能够展示独特创意和手艺
	能够提供手工艺品制作、独特摄影技巧、创意画作等内容
	吸引观众眼球，展现个人风格
实用技巧角色设定	分享生活中的实用小技巧和窍门
	能够提供家居整理、省钱生活、旅行建议等内容
	让观众受益匪浅，提高生活品质
特殊爱好角色设定	分享独特爱好和兴趣
	能够提供收藏家、舞蹈爱好者、宠物训练师等内容
	让观众了解不同领域的知识和技能
独特声音角色设定	塑造优美或独特的声线形象
	能够提供歌唱表演、配音演绎、语言教学等内容
	通过声音吸引观众，提高关注度
独特动作角色设定	设计招牌动作或表情
	能够提供视频开场动作、告别动作、展示物品动作等内容
	创造夸张、搞笑、有趣或高难度的动作或表情，成为角色亮点
高颜值角色设定	以美貌和气质吸引观众
	能够提供服装搭配、化妆技巧或与外表相关的生活经验等内容
	不断提升气质和品位，保持观众兴趣

续表

人设定位分类	应具备的特质
独特外表角色设定	强调独特发型、装扮、道具等特点
	能够提供关于时尚、潮流或独特兴趣爱好的内容
	不断尝试新形象和风格，保持观众兴趣
塑造丰富的人物背景故事角色设定	设计引人入胜的成长经历
	描述人物的家庭背景和关系
	塑造丰富的职业生涯和人际关系
塑造独特内容风格角色设定	确定独特的画面风格和色调
	选择与人设相符的音乐和音效
	创新剪辑手法，让内容更具吸引力

1.4.3 抖音人设案例

案例1：舞蹈教练小米

（1）个性化定位：专业的舞蹈教练，擅长街舞和现代舞，以轻松幽默的风格吸引年轻观众。

（2）形象特征：运动装打扮，戴着鸭舌帽，时尚且活力十足。

（3）背景故事：小米小时候就对舞蹈有着浓厚的兴趣，参加了许多舞蹈比赛并获得了很多奖项。她成立了自己的舞蹈工作室，希望能帮助更多人找到跳舞的乐趣。

（4）互动关系：小米经常在抖音上回复粉丝的舞蹈问题，还会举办舞蹈挑战活动，鼓励粉丝们积极参与。

（5）内容风格：小米的短视频以清新明亮的色调为主，搭配动感十足的背景音乐，让人一看就能感受到舞蹈的魅力。

案例2：厨艺达人阿诚

（1）个性化定位：热爱烹饪的厨师，擅长制作各种美食，并通过抖音分享美食制作心得和技巧。

（2）形象特征：穿着整洁的厨师服，佩戴围裙，显得专业又亲切。

（3）背景故事：阿诚出生在一个热爱烹饪的家庭，受家人影响，他对美食充满了热情。毕业后成为一名厨师，希望通过抖音传播美食文化。

（4）互动关系：阿诚会定期回答粉丝的烹饪问题，分享独家菜谱，还会举办美食 DIY 活动,邀请粉丝们一起分享美食故事。

(5)内容风格:阿诚的短视频以简洁明快的拍摄手法呈现,搭配轻松愉快的背景音乐,让人感受到烹饪的乐趣。

1.5 热门短视频的核心数据

要想让短视频在平台上脱颖而出,需要关注以下核心数据:点赞数、评论数、转发数和收藏数。这些核心数据的提高将会使短视频更容易成为热门内容,从而吸引更多用户观看。随着曝光度的增加,账号粉丝数量也将迅速攀升。

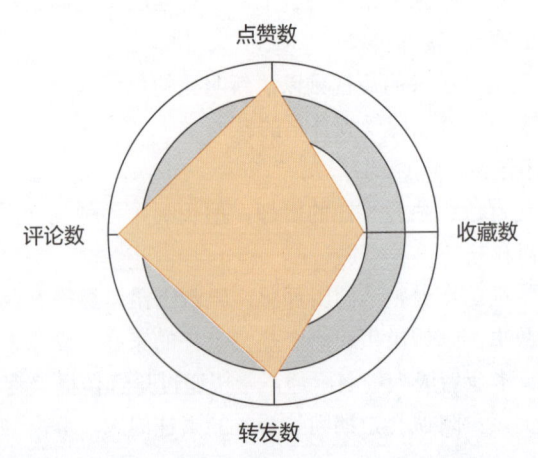

1.5.1 提升点赞数

如果一条视频的点赞数比较多,那么平台会为该视频提供更多推荐和流量,让更多用户看到这条视频。

1. 触动观众内心

制作容易引发情感共鸣的短视频。例如,"童年回忆,你还记得这些玩具吗?""冬日温暖小故事"。

2. 明确引导

在视频中明确引导观众进行点赞。例如,"如果喜欢这个技巧,别忘了点赞支持!"。

3. 提供实用信息

分享实用的生活技巧或知识。例如,"5分钟教你折一款漂亮的纸鹤"。

1.5.2 提升评论数

评论是指视频评论区的留言和讨论,而评论数也是短视频成为热门的重要因素之一。评论和互动越多,说明短视频内容足够精彩和吸引人。

1. 刻意制造口误

可以制造可爱的口误,引发观众在评论区纠正。

2. 添加幽默元素

在视频中设置搞笑情节,吸引观众在评论区互动。

3. 积极回复评论

回复热门评论,激发观众在评论区讨论。

4. 抛出问题、引发共鸣

可以在视频中抛出问题,如"学习哪种外语最有用?",从而引发共鸣。

5. 制造冲突、激发讨论

可以在视频中制造冲突,如"先攒钱还是先结婚?",从而激发讨论。

6. 设定独特的口头禅

创造具有标志性的口头禅,让观众在评论区重复。

1.5.3 提升转发数

转发数是指视频被分享的次数。转发数越多,视频被平台推荐给更多人观看的可能性就越大。

1. 引导观众转发

在视频中引导观众进行转发。例如,"如果喜欢这个故事,就分享给你的朋友吧!"。

2. 创作有价值的内容

制作具有实际价值或有趣的短视频,让观众愿意将其分享给他人。例如,"你知道这个厨房小窍门吗?试试看!"。

1.5.4 提升收藏数

收藏数是指观众观看视频后点击收藏的次数。当一个短视频具有较高的收藏数时,表明观众对视频内容比较认可,因此平台会相应地增加对这类短视频的推荐力度。

1. 创造挑战和悬念

设置挑战性任务或制造悬念,让观众多次观看或收藏。例如,"你能在5秒内找出这张图片中的错误吗?""挑战:不眨眼看完这个视频"。

2. 内容精彩

制作内容精彩的短视频,让观众乐于收藏。例如,"这个魔术表演,你看了几遍还是没看懂?"。

3. 有价值

提供有价值、有用的短视频内容,促使观众收藏,以便以后随时翻看视频。例如,"当你想要说放弃时,看看这个能给你力量的视频"。

第 2 章
短视频拍什么更容易获得流量

本章内容简介

短视频拍摄内容要想获得更多流量,关键在于选择观众感兴趣和具有热门话题的内容。通过挖掘时下流行的话题,展示有趣、有创意的内容,提供实用的知识或技巧等,都能够吸引更多观众的关注和分享,从而获得更多的流量。此外,充分准备视频的拍摄设备、场地和脚本,也是制作高质量视频的基础。

重点知识掌握

- 短视频拍什么选题更容易火
- 短视频拍摄设备、场地
- 短视频拍摄脚本

2.1 短视频拍什么选题更容易火

本节将探讨拍摄哪些选题的短视频更容易受到欢迎,从而使作品获得更多流量,并吸引更多的粉丝。

2.1.1 短视频的类型

短视频的类型涉及生活的方方面面,吸引了不同类型的观众群体。以下是一些常见的短视频类别及主要特点。

美食类	宠物类	时尚类
美食类视频可以展示制作美食的过程,其高质量的视频和吸引人的配乐,能够激发观众的食欲	宠物类视频可以展示宠物的可爱瞬间或照顾宠物的相关教程,具有强烈的情感和观众参与度	时尚类视频可以关注如时尚趋势、美妆教程、穿搭建议等,展示最新的时尚内容并提供相关建议
健身类	旅游类	搞笑类
健身类视频可以介绍详细的运动步骤、正确姿势和技巧等	旅游类视频可以展示不同地方的风景、文化、故事和食物,激发观众的旅行欲望	搞笑类视频用喜剧元素,如滑稽行为或讽刺对话,带给观众欢乐和愉悦

续表

挑战类	动画类	测评类
挑战类视频涉及各种形式的挑战或游戏，具有强烈的参与性和互动性	动画类视频中创新的动画和视觉效果，提供了独特且吸引人的内容形式	测评类视频可以对产品或服务进行深入评价，从而提供有价值的购买建议
音乐和舞蹈类	DIY和手工艺类	教育类
音乐和舞蹈类视频涵盖了音乐表演、舞蹈教程或表演，通常以音乐为中心吸引观众的注意力	DIY和手工艺类视频可以提供详细步骤和技巧	教育类视频提供易懂的教学内容，可以帮助观众快速学习新知识或技能
科技类	游戏类	情感共鸣类
科技类视频涵盖了科技新闻、产品评测和教程等，可以展示最新科技趋势和深入的技术分析	游戏类视频展示了游戏攻略、评测和实况等	情感共鸣类视频可以打动观众情感，传递真挚的情感故事和感人时刻，从而引起观众的共鸣和关注

2.1.2 短视频的创作流程

了解了短视频的概念，下面来探讨一下短视频从零到一的全过程，即短视频创作的基本步骤。短视频创作可以分为策划、录制、编辑和发布4个阶段。

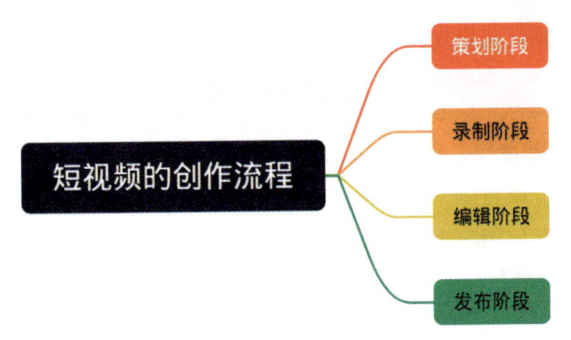

短视频的创作流程
- 策划阶段
- 录制阶段
- 编辑阶段
- 发布阶段

1. 策划阶段

在开始录制之前，首先要确定录制方向和主题；选好主题后，开始构思具体的故事内容；然后将录制流程和详细步骤纳入录制脚本，如各镜头的拍摄位置、景别、角度、画面描述、对话、旁白、字幕、音乐音效和时长等；同时筹备录制所需的设备、场地、演员、服装、化妆和道具等。

2. 录制阶段

布置录制场地和现场灯光，安排演员化妆、做造型。按照预先制定的脚本，逐一录制每个镜头。录制过程中可能会遇到各种不可控因素，要做好备用方案；同时要注意录制过程中设备的稳定性。

3. 编辑阶段

录制完成后，需要对大量的视频片段进行筛选，将合适的片段导入视频编辑软件中进行剪辑、组合、调色、美颜、动画、过渡、特效、旁白、配乐和字幕等编辑操作。完成后，导出完整视频。

4. 发布阶段

视频制作完成后，需要将其投放到各个渠道的平台上。需要注意的是，视频的标题、简介、话题乃至位置定位等信息都会影响短视频的热度，可以参考当下的热门视频排行榜。

根据视频内容的不同，这些步骤的难易程度也各不相同。有些步骤可以省略，但仍建议新手朋友培养"制订录制计划"的良好习惯，尽管前期准备可能较为烦琐，但却能大幅降低后续工作中出错的可能性，从而提高工作效率。

除了拍摄技术方面的问题，"拍什么"可能是困扰新手朋友的常见问题。如果只是想记录生活，可以拍摄自己喜欢的内容；如果想要拍摄热门、火爆的视频，那么需要明确个人优势、了解当下流行的短视频类型及掌握平台对哪些类型的视频有流量支持等，然后有针对性地进行创作。

2.1.3 个人短视频拍什么

针对个人短视频，可以考虑从自身擅长的领域开始挖掘，寻找个人优势，分析是否可以将个人优势应用到短视频创作中。以下是一些常见的个人优势及适合类型和相应短视频策略。

个人优势	适合类型	短视频策略
才艺/技能	才艺展示	展示才艺成果，如独特的手绘画作、精湛的吉他演奏、舞蹈表演、独特的陶艺作品等
	传授知识、教授技能	展示技能操作，如瑜伽、编程、吉他、烹饪等
沟通能力强	讲述、访谈、评测	如新闻播报、社会观察、幽默笑话、街头采访、科技产品评测、生活用品评测等

续表

个人优势	适合类型	短视频策略
特殊的生活环境/方式	生活记录	特殊的生活环境或方式会吸引观众，这类短视频的时长通常较长，其常借助温馨的场景增加亲和力，采用第一视角提高代入感，如记录乡村生活、健身日常、职场生活、宠物趣事等
表演天赋	情景短片	具备良好的镜头感和表演天赋，可以尝试情景短剧等形式，如幽默搞笑类短视频。这类短视频可作为单独作品，也可组成系列作品
熟练掌握剪辑技巧	剪辑短视频	即便不专注于拍摄，也可以通过对网络上的视频、图片、音频进行拆分、重组，再加入讲解、评论等元素。此类视频要注意素材的版权问题
其他类型	故事情节	其他类型的短视频也可加入故事情节，如美食、日常、知识、旅行、探店、情感等。通过剧情引入主题，使视频更具代入感

2.1.4 企业短视频拍什么

对于企业来说，短视频也是一种非常有效的宣传和推广形式。以下是一些企业可能会制作的短视频类型及其主要特点。

（1）产品演示类短视频：这类短视频可以展示某一产品的功能和优点。特点是思路清晰、产品介绍简洁，能够帮助消费者理解产品的实际应用和价值。

（2）教程和演示类短视频：这类短视频可以为用户提供某一产品或服务的详细使用教程。特点是步骤详细、操作说明翔实，可以帮助用户更好地使用和理解产品或服务。

（3）公司文化类短视频：这类短视频可以展示公司的使命、文化和价值观。特点是品牌形象立体、价值观传递合理，可以增强消费者对公司的信任和忠诚度。

（4）客户评价和案例研究类短视频：这类短视频通常包含客户的评价或者展示公司产品如何在实际场景中解决问题。特点是通过客户的真实反馈来证明产品或服务的价值。

（5）公司新闻和产品更新类短视频：这类短视频用于发布公司的最新消息、产品更新或者其他重要公告。特点是及时性和信息性，可以帮助用户了解公司的最新动态。

（6）活动和促销类短视频：这类短视频用于宣传即将举办的活动或者促销优惠。特点是优惠的促销信息和强烈的吸引力，可以引导用户进行购买。

2.1.5 不知道拍什么？搜索"创作灵感"

如果想知道拍什么短视频能"上热门"，那么在抖音中搜索"创作灵感"，就可以看到大量热门短视频类目以及优秀的短视频作品。

选择一个自己喜欢的类型，如"沉浸式做饭视频"，此时会显示搜索热度指数、相关视频、相关用户及相关话题。可以通过对比数据选择热门的拍摄形式，或观看用户拍摄的热门视频学习经验。

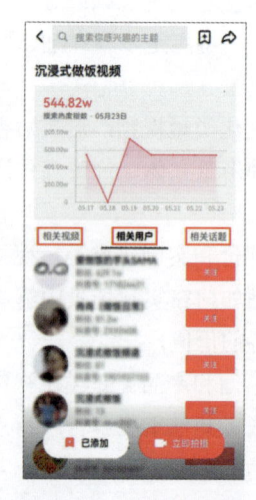

2.1.6 不知道怎么拍？下载"巨量创意"

"巨量创意"作为独立的 App，可以在抖音中搜索"巨量创意"下载安装，也可以在应用商店中下载安装。安装完成后打开，点击"找灵感"按钮，随后即可看到大量的优秀热门短视频供学习和借鉴。

通过巨量创意 App 不仅可以寻找灵感，而且可以直接套用优秀的模板，快速制作出"合格"的短视频。点击界面底部的"创作"按钮，选择合适的类型，然后选择任意一款模板。随后点击"立即使用"按钮，接着根据步骤的指导即可制作出类似的短视频。

也可以点击界面底部的"创作"按钮,然后点击右上角的"智能模板"按钮,按照要求选择 3 个以上的视频或照片,并点击"匹配特效"按钮,即可自动匹配一个视频模板。如果不满意,还可以在下方切换其他模板。

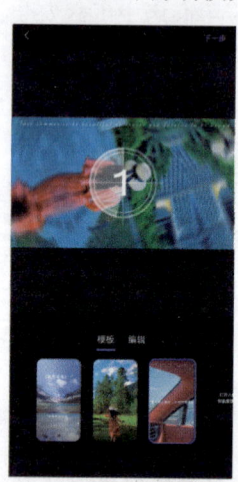

2.2 短视频拍摄设备、场地

短视频的拍摄规模可大可小,如从一个人的口播类短视频到与电影相似的剧情类短视频。简单来说,所要使用到的无非是拍摄设备、拍摄场地、道具、模特及服装与化妆这几大类。

2.2.1 使用手机或相机拍摄

随着手机视频拍摄功能的日益强大,拍摄视频便不再是摄像机或相机的专利。越来越多的人们会使用手机轻松地拍摄一段视频,当然也有更多专业的视频拍摄团队仍然使用相机来拍摄短视频。那么,究竟该如何选择呢?下面就从几个不同的角度来了解两者的优缺点。

对比项	手机拍摄	相机拍摄
操作难度对比	操作几乎无难度	操作难度稍大
功能对比	使用前置摄像头拍摄时可实时观看效果; 可启用美颜功能拍摄;	光圈、快门速度、感光度、白平衡等参数可控;

续表

对比项	手机拍摄	相机拍摄
功能对比	可配合 App 功能拍摄具有特殊效果的视频； 光圈、快门速度、感光度、白平衡等专业拍摄参数基本不可调整； 视频分辨率、帧率受限	不同拍摄参数搭配可以适应更多拍摄场景，如弱光、偏色环境等； 可拍摄 4K 等高分辨率视频； 可拍摄高帧率视频
便携度对比	非常便携	单反相机略显笨重； 微单体积稍小，重量稍轻； 需要避免镜头磕碰
成像质量对比	画质低于相机； 画质受手机价位影响较大； 通常后置摄像头优于前置摄像头； 大部分手机弱光下画质受损严重	成像质量好； 细节丰富； 色彩还原度高； 视频具有较强的可编辑空间
综合对比	投入低、上手快，适合短视频新手及业余爱好者	投入稍高，需要一定的学习成本。熟练掌握后上升空间大，可延伸至商业广告、微电影等领域。 微单在价格与重量方面都要优于单反相机，画质则优于手机。对于新手朋友来说也是不错的选择

2.2.2 拍得稳才是硬道理

设备的稳定性对于短视频的呈现效果起着至关重要的作用。如果拍摄机位不动，那么可伸缩的便携三脚架是必备用品；如果使用比较重的相机拍摄，那么就要选择质量好一些的三脚架；如果需要在行走过程中手持设备拍摄，则需要稳定器（又称手持云台），其可以保证运动画面的稳定性。

2.2.3 提升画面效果的"神器"——补光灯

光线对视频画面质量有着非常大的影响,无论是在室内还是在室外拍摄,经常会遇到光线不理想的情况,这时就需要准备补光设备。如果是在室内拍摄,那么灯光的可选性就比较大了,可以使用环形美颜灯或带有柔光罩的专业影视灯,甚至台灯、落地灯都可以根据需要进行选择使用。

如果是在室外拍摄,那么就需要考虑是否方便,可以使用便携式充电 LED 补光灯,这类灯具轻便小巧,大多可以调整亮度及颜色,也可以随意摆放,样式也比较多。除此之外,还有可以接在手机或相机上针对面部的小型补光灯,移动手机进行自拍时,使用起来非常方便。

2.2.4 不可忽视的收音设备

短视频是画面+声音的综合展示,仅有画面美是不够的,声音的好坏也会在很大程度上影响视频的观感。除去后期配音以及添加背景音乐、音效等操作外，前期录制过程中的收音也是非常重要的环节。下面介绍几种常见的短视频收音方式。

1. 手机/相机内置收音

在安静的室内环境，手机/相机近距离靠近音源时，可以得到基本清晰的声音。若拍摄距离稍远，也可单独使用另一个手机当作"录音机"靠近音源，录制音频后通过剪辑软件合成到视频中。

录制单人出镜的短视频时，也可以将带有麦克风功能的有线耳机插到手机上，收音距离更近，位置也更灵活。

但若是在户外、嘈杂空间或者人物与拍摄设备距离较远时，如果仅靠手机/相机的内置收音功能，往往会出现杂音多、音量小、得不到清晰的人声的情况。此时就需要单独准备收音设备。

2. 枪型麦克风

枪型麦克风灵敏度高、指向性强，需要正对麦克风录制，而其他方向的声音均不被收入。枪型麦克风可通过热靴接入相机，适合相对安静的拍摄环境，如采访、访谈类短视频以及穿搭、美妆、拆箱等沉浸式短视频，也可作为剧情类短视频的现场收音设备。但要注意的是，枪型麦克风收音范围有限，应避免距离音源太远的收音情况。

3. 领夹麦

由于枪型麦克风需要连接在拍摄设备上,所以会有一定距离上的限制。而无线的领夹式麦克风(又称领夹麦或小蜜蜂)可固定在被拍摄者的身上。由于距离音源近,并且不受距离和角度的限制,即使在嘈杂的环境中也可以得到比较清晰的声音。领夹麦适用于探店类、旅行类、知识类等 1~2 人出镜且需要大量说话的短视频中。

4. 大振膜麦克风

大振膜麦克风适用于室内收音,如唱歌类短视频、直播、专业配音等对音质要求比较高的情况。由于其灵敏度高,所以对收音环境要求也比较高,适合安静的室内或专业录音棚,不适合房间回音大、噪声大的情况。大振膜麦克风需要连接电脑录制音频,然后通过剪辑软件与视频进行对轨操作。

5. 动圈麦克风

相对于大振膜麦克风,动圈麦克风的优点在于对环境噪声的要求要低一些,但音质要弱于大振膜麦克风。

要想得到更好的收音效果,需要注意以下几点。

(1) 在环境可控的情况下,尽量选择安静、封闭的空间,避免噪声干扰。

(2) 麦克风要尽量靠近音源(人或发声体)。但也不要太近,避免出现

"音爆"现象。枪型麦克风距离音源 50cm 左右；领夹麦距离嘴部 10~20cm 即可；大振膜麦克风在 50cm 之内基本上都可以得到不错的收看效果，如果想要得到更加饱满的声音可适当靠近。

2.2.5 记不住台词？用提词器

在录制个人口播、访谈类等需要大量讲解内容的短视频或者直播带货时，最困扰创作者的问题之一就是"背台词"。如何一镜到底拍摄出语言表达流畅的短视频呢？"提词器"可以完美解决这一难题。只需提前在手机或平板电脑中编辑好台词，放在提词器中即可。

如果不想花钱购买提词器，可以使用剪映 App 中的"提词器"功能。打开剪映 App，点击"提词器"按钮。输入台词内容，点击"去拍摄"按钮。进入拍摄界面后点击◎按钮，可设置文字滚动速度、字体大小等。点击下方的拍摄按钮，即可开始拍摄。

2.2.6 合适的室内拍摄场地

除了人物之外，拍摄场地在很大程度上能够决定视频画面是否高级。那么如何选择拍摄场地呢？对于专业的拍摄团队而言，想要快速地拍摄出高质量的视频，专业的影视基地就是一个不错的选择。影视基地通常有多种常用的拍摄场景，如办公室、咖啡厅、卧室、客厅、厨房等；而且部分影视基地还提供服装、化妆、道具、灯光等一站式相关服务,但是价格较高,通常按小时计费。

对于短视频制作新手来说,无须支出这笔费用,可以先从免费的拍摄场地开始。拍摄场地要根据短视频的内容而定,如剧情类短视频必然要根据剧本情节选择场地,探店、旅行类短视频的拍摄场地也要有明确的目标。

除此之外,美妆、时尚、生活、搞笑、测评、知识等只需一人出镜说说话、动动手的短视频,拍摄场地的选择就比较自由了。那么如何花更少的钱,得到更适合的场地呢?

首先从免费的场地开始。家里是很多新手朋友的首选拍摄场地,虽然可能存在空间不够大、杂乱的问题。但在家里录制的优点在于有很强的自主性,既可以方便地进行调整和布置,又可以避免外人打扰。如果在家里录制短视频,需要注意以下几点。

(1)关闭门窗、检查会发出声音的电器,避免噪声干扰。
(2)寻找一处背景相对整洁的区域。
(3)若无法避免杂乱的环境,可购买一块背景布。

（4）可以寻找一处墙角，使拍摄设备、人物与墙角形成一条直线，画面空间感更强。

（5）布置远景（背景、货架、绿植等）、中景（人物）、近景（桌面电脑、书籍、小装饰等），增强画面空间感。

（6）可以使用高大的盆栽遮挡远处杂物。

（7）尽量避免人物紧贴墙壁或背景布，否则画面缺少空间感。

（8）人物亮、背景暗也可减少杂乱背景对画面的影响。

（9）可以利用灯光为背景环境增添层次感。

（10）相机拍摄可设置大光圈，虚化背景。

（11）场景的布置要先设定风格（如怀旧风、动漫风、古风等），然后按照风格添加相关元素（如复古海报、模型手办、木窗纸伞等）。

2.2.7 户外拍摄也不错

优美的自然环境也是一个不错的选择，在自然环境中录制视频更有亲和力，也可以使观众感到放松、舒适。如需外出录制，需要注意以下几点。

（1）注意周围的人声、音乐声、车声等干扰。

（2）避免过多的行人入镜。

（3）户外拍摄需要注意光线，避免强光、阳光直射。

（4）可以适当使用运动镜头，如在行走中拍摄，避免视觉枯燥感。

2.2.8 拍摄与制作短视频的 App

如果想要录制高清视频，可以使用原相机的后置摄像头拍摄，美颜、调色等操作可以在视频编辑阶段进行处理。

原相机的功能性通常较弱，大多只能进行对焦、曝光的调整，而第三方的专业视频拍摄 App（如 FilMic Pro、Protake）则能进行更多设置，如变焦、调整视频宽高比、存储画质、帧速率、快门速度、感光度、白平衡等一系列参数，其可控性基本接近使用相机拍摄视频。

除了专业性较强的视频拍摄 App 外，还有一些使用难度较低的 App，如剪映、美颜相机、B612 咔叽等，可以轻松在拍摄过程中使用美颜、调色以及贴纸、特效等功能。拍摄美食类短视频则可以使用 Foodie 美食相机，可以轻松拍出色泽诱人的美食画面。这类 App 虽然简单好用，但拍出的视频清晰度略有欠缺，可酌情使用。

拍摄好多段视频素材后，就需要借助视频编辑软件进行剪辑、组接、调色、美化、添加特效、配乐等一系列的编辑操作，最后导出完整的短视频作品。国内外的视频编辑软件有很多种，专业性比较强的有 Adobe Premiere、Final Cut 等电脑端软件。这些软件的功能非常强大，常用于专业的影视制作工作中，对电脑的配置要求比较高，操作难度也相对较大。

对于短视频制作新手来说，简单好用才是最主要的。"剪映"就是一个很不错的选择，其界面友好、功能实用、操作简单，可以完成短视频编辑的全部流程。剪映既可以在手机上使用，又可以在电脑端操作，非常方便。

剪映（手机端）　　　　　剪映（电脑端）

2.3 短视频拍摄脚本

　　短视频的创作往往依赖于多个镜头的精心编排,每个镜头的选取、拍摄手法以及时长都是至关重要的。为了确保拍摄过程的高效和精准,这些元素都需要在拍摄前被详细规划并记录在"脚本"中。脚本,可以说是短视频制作的蓝图或框架,它为创作者提供了清晰的指导,使整个拍摄和制作过程更加有条不紊。通过精心编写的脚本,创作者能够更高效地拍摄和制作短视频。

　　短视频的时长可能仅有几十秒到几分钟,但想要打造出能够吸引观众并且广为传播的作品,每个镜头都要经过精心的设计。根据短视频内容的不同,其脚本所包含的内容也各不相同。

2.3.1 口播、测评、知识类短视频脚本怎么写

　　非剧情类短视频,如口播类短视频、测评类短视频、技能分享类短视频等通常不需要复杂的拍摄场地,也不需要制定分镜头脚本,只需在脚本中列出要进行的任务、台词、镜头方式以及镜头时长即可。下面以"智能手表开箱视频"为例,介绍脚本的编写内容。

任务	时长	镜头	台词
接收快递	10s	全景	大家好!我们今天的主角是新一代智能手表×××,我已经拿到样机了。大家也和我一样期待吧
拆封产品	5s	近景	快递到了,从外观看包装得很好,看来手表应该完好无损。赶紧打开看看吧
外观展示	20s	特写	看!这就是我们今天的开箱好物——智能手表×××。设计简约而高雅,感觉非常有科技感。表冠转动顺滑,触感舒适;配件也很齐全,无须额外购买
使用展示	25s	近景	接下来,我们来试试这款被誉为"最佳智能手表"的智能手表×××。首先开机并连接手机,设置个人信息。看看这个屏幕,清晰度非常高,而且比上一代屏幕更大。我们试试各种功能,看看运行效果。哇!真的非常流畅。再来试试健康监测功能,测测心率、看看血氧,准确度高,非常方便
经验分享	10s	近景	我个人非常喜欢这款智能手表×××,无论是设计、性能还是使用体验,都非常满意,价格也相对合理
结束语	5s	近景	感谢大家观看今天的开箱视频,我是×××,如果你喜欢这个视频,请点赞并分享给你的朋友,我们下期再见

2.3.2 旅行、探店、采访类短视频脚本怎么写

对于一些拍摄内容并不能精准预测的短视频,如探店类短视频、街头采访类短视频、旅行类短视频等,这些短视频的脚本可根据主题对拍摄内容以及拍摄情境进行假设,提取拍摄要点、确定拍摄的场地以及主要的拍摄环节,并从相关文字信息中提取解说或旁白信息。下面以"减脂餐探店视频"为例介绍脚本的编写内容。

序 号	环 节	场 地	内 容	解说/旁白
1	出发	屋内	开启主题	我今天要去探店,目标是找到本地最好的减脂餐店
2	到达餐厅	餐厅外部	餐厅外观展示	到了!这家店在减脂圈子里口碑非常好,我们来看看吧
3	店内环境	餐厅内部	展示餐厅环境	店内环境简洁而舒适,感觉很有格调
4	餐点展示	餐桌旁	展示和点评餐点	看看这家店的菜单,上面都是营养均衡的餐点,我们点几个菜尝尝看
5	试吃体验	餐桌旁	尝试各种餐点	嗯,这个鸡胸肉很嫩,配菜也新鲜。沙拉的酱料很特别,口感丰富。虽然是减脂餐,但是做得很好吃
6	访问厨师	厨房	采访厨师	和厨师聊聊他们的烹饪理念和技术,了解他们是如何制作出这些美味的减脂餐的
7	结束	屋内	总结体验	总的来说,这家店的减脂餐还是非常好的,食材新鲜、口感丰富,我还会再来的

2.3.3 剧情类短视频脚本怎么写

由于剧情类短视频每个镜头中涉及的要素较多,所以需要应用到分镜头脚本。分镜头脚本中需要包括每个镜头的镜号、景别、运镜方式、画面内容、台词对白、背景音乐、音效、时长等内容。

镜 号	景 别	运镜方式	画面内容	台词对白	背景音乐	音 效	时 长
1	全景	跟随	上班族在办公室中忙碌地工作,显得压力很大	—	紧张忙碌的音乐	键盘敲击、电话铃声	3s

续表

镜 号	景 别	运镜方式	画面内容	台词对白	背景音乐	音 效	时 长
2	特写	静止	上班族喝了一口咖啡后,依旧很困,慢慢地闭上眼睛	"我真的太累了……"	平静的音乐	喝咖啡的声音、沉重的呼吸声	2s
3	全景	旋转	上班族在梦中发现自己可以隔空移动物体,他试着用手势移动桌子上的笔	—	神秘的音乐	物体移动的声音	3s
4	特写	静止	上班族在梦中露出惊喜的表情,他开始享受自己的超能力	"我……我是超人!"	兴奋的音乐	笑声	2s
5	中景	旋转	上班族在梦中使用超能力帮助同事,大家都对他的超能力感到惊讶	—	欢快的音乐	惊讶的声音	3s
6	特写	静止	上班族在梦中被同事的惊叫声惊醒,眼睛里的光芒消失,超能力也随之消失	"啊,我做了什么……"	悲伤的音乐	同事的惊叫声、惊醒的声音	2s
7	全景	跟随	上班族醒来后,发现周围的一切都回到了原样。他望着手中的咖啡,显得有些失落	"只是一场梦吗?"	平静的音乐	喝咖啡的声音、沉重的呼吸声	3s
8	中景	静止	上班族露出苦笑,他将咖啡放回桌子上,然后继续工作	"还是继续工作吧。"	平静的音乐	放下杯子的声音	3s

2.3.4 使用"海螺剧本编辑器"轻松写脚本

在抖音的创作者服务平台中可以通过搜索找到"海螺剧本编辑器",这个工具可以帮助创作者更加轻松便捷地编写视频脚本。首先登录抖音网页版,在右上角单击"创作者服务"按钮,选择"服务市场"选项,搜索"海螺剧本编辑器"。该工具目前免费试用,单击"立即体验"按钮。

随后即可打开海螺剧本编辑器的工作页面。这里包括多种常用的工具,不仅方便创作者编辑短视频脚本,还可以帮助创作者检测作品中的违禁内容。

2.3.5 跟着剪映内置脚本拍摄

剪映 App 为创作者提供了可直接"套用"的创作脚本。只需按照脚本提示逐一拍摄或添加相应的片段，即可快速制作出结构比较合理的短视频。

打开剪映 App，点击"创作脚本"按钮，可以看到多种类型的短视频脚本；选择其中一个脚本后，点击"去使用这个脚本"按钮；接下来只需按照提示输入标题、拍摄素材及台词；完成后，点击"导入剪辑"按钮即可进行下一步操作。

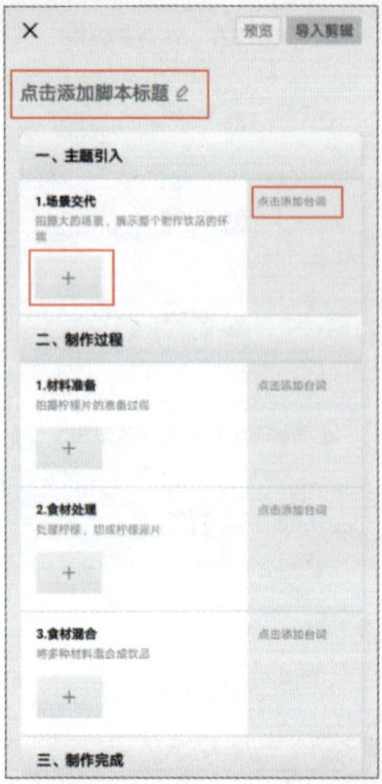
预览
导入剪辑
点击添加脚本标题
一、主题引入
1.场景交代
点击添加台词
二、制作过程
1.材料准备
点击添加台词
2.食材处理
点击添加台词
3.食材混合
点击添加台词
三、制作完成

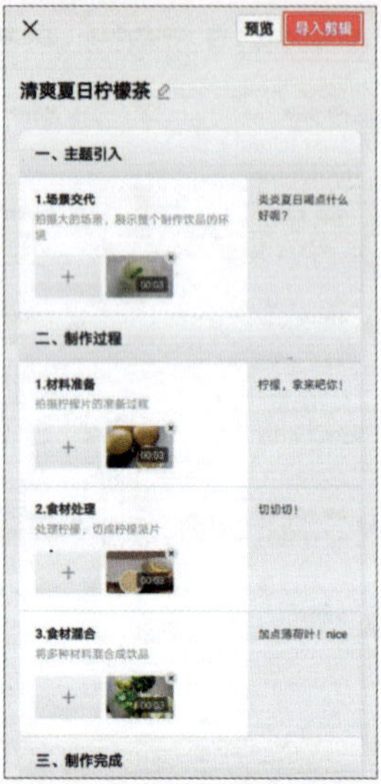
预览
导入剪辑
清爽夏日柠檬茶
一、主题引入
1.场景交代
二、制作过程
1.材料准备
柠檬，拿来吧你！
2.食材处理
切切切！
3.食材混合
加点薄荷叶！nice
三、制作完成

第 3 章
创作热门短视频

本章内容简介

本章主要围绕如何创作热门短视频展开学习，综合了多个维度的创作技巧，包括热门短视频策划技巧、热门短视频拍摄与制作技巧，以及优质文案撰写技巧。

重点知识掌握

- 热门短视频策划技巧
- 热门短视频拍摄与制作技巧
- 优质文案撰写技巧

3.1 热门短视频策划技巧

掌握好选题与叙事节奏,是打造成功短视频的关键要素之一。同时,切记保持内容简洁、精彩,以便吸引观众的注意。

3.1.1 创意组合,轻松打造出众短视频策划方案

纵观各类热门短视频,可以从中概括出能够吸引观众的核心要素,这些要素可能是视频整体的风格,或是视频的表达方式,也可能是个人的擅长内容,抑或是画面中的某些特征性内容。绝大多数短视频通常只具有其中一项要素,而如果尝试将多种热点要素相结合,往往可以得到出乎意料的短视频策划方案。

下表列举出了近期短视频中较为常见的热点要素,可以从中选择多个要素结合到自己的作品中。

热点要素	方言	卡点	美食
	挑战	跨界合作	DIY(Do It Yourself,自己动手制作)
	舞蹈	变装	古风
	二次元	搞笑	剧情反转
	颜值	恋爱	第一人称
	唱歌跑调	土味情话	相亲
	话痨	农村	吐槽

案例1:"教学"领域

常规的语文教师可能会录制比较常规的课程讲解视频,但这样的内容往往比较单调,难以吸引观众持续观看。可以尝试将语文教学与其他热门元素结合,如:

语文教学+古风:古风装扮的老师讲解古文,让学习过程变得更加轻松有趣。

语文教学+搞笑:加入幽默元素,用轻松的方式讲解课文,让观众在欢笑中学习。

案例2:"健身"领域

仅展示健身技巧的作品可能难以吸引观众关注,因为类似的创作者众

多。可以尝试将健身与其他热门元素结合，如：

健身＋美食：在锻炼过程中，穿插美食的制作过程与技巧分享，让观众在健康生活的同时，享受美食的快乐。

健身＋恋爱：以健身为背景，融入相亲、恋爱等故事情节，增加短视频的趣味性。

案例 3："绘画"领域

"绘画＋颜值""绘画＋宠物"。

| 语文教学＋古风 | 健身＋美食 | 绘画＋颜值 |

案例 4："摄影"领域

单纯展示摄影技巧的作品可能难以吸引观众，因为类似的创作者较多。可以尝试将摄影与其他热门元素结合，如：

摄影＋旅行：通过拍摄旅行中的风景和人文，让观众在欣赏摄影作品的同时，感受旅行的乐趣。

摄影＋二次元：以动漫、游戏等二次元元素为拍摄主题，吸引兴趣相同的观众。

案例 5："美妆"领域

"美妆＋户外""美妆＋古风"。

案例 6："手工艺"领域

"手工艺＋农村生活""手工艺＋宠物"。

摄影+二次元　　　　　　美妆+户外　　　　　　手工艺+农村生活

3.1.2 对比效果画面，独特且有趣

观众更倾向于寻求创新的视频，因此在作品中融入有对比效果的场景、外观或角色等，可以让视频更具吸引力。

1. 场景反差

选取与事件原本应发生的环境截然不同的场所，如森林+摄影展、海边+时尚秀等。

2. 外形反差

人物外貌与视频主题内容形成鲜明对比，如阳光形象+低沉嗓音、年轻人+成熟时尚打扮、面容严肃+幽默表演等。

3. 身份反差

身份与视频内容形成强烈反差，如家庭主妇+讲财经、饭店老板+亲自送外卖、宠物+做饭等。

4. 风格反差

将截然不同的风格元素融入视频中，可以形成独特的视觉体验，如古典与现代、优雅与狂野等。例如，影视作品中的虚拟形象出现在城市中，从事着普通的工作；或在一个古典的室内场景中，一位身着优雅礼服的女子突然展开狂野的摇滚乐表演，给观众带来强烈的视觉冲击力等。

3.1.3 提前展示惊艳成果

在短视频时代,观众的注意力很容易被转移,即使是质量高的短视频也可能被迅速滑过,尤其是那些旨在推广产品的短视频。更有效的方法是在视频开头立即展示令人惊艳的成果,然后再详细介绍。就像电影上映前的预告片,挑选精彩片段来吸引观众。

3.1.4 跟上热门话题,让视频更受欢迎

时常关注热点话题,并将其融入短视频的创作中,有助于短视频进入热门推荐行列,从而获得更多的曝光度和播放量。发布作品时,可以利用"#"标签跟上当前的热门话题,借助热点流量提高视频热度。点击抖音首页顶部的"搜索"按钮,可查看抖音热榜。

3.1.5 拍同款,轻松上热门

在没有创作灵感时,观看热门视频并学习其拍摄方法和内容是一个简单有效的方式。要注意是借鉴而非完全模仿。

通过参考优秀作品的风格，结合当前热门话题，可提高视频热度。例如，在某一些节日或热点话题出现时，就可以拍摄同款视频。在抖音上搜索"抖音热点榜"，点击"完整榜单"按钮；然后点击"热点榜"按钮，选择感兴趣的热点条目；点击右下角转动的碟片位置；然后点击"拍同款"按钮后就可以拍摄同款视频了。

3.1.6 接受热门视频的"挑战"

参与"挑战"活动也是获得热门关注的有效策略。在抖音上搜索"抖音热点榜",点击"完整榜单"按钮后,再点击"挑战榜"按钮。选择其中一个进行挑战,模仿并上传自己的视频。针对抖音官方推荐的热门视频挑战,如果内容出色,甚至超越原作,便有很大机会成为热门。

3.2 热门短视频拍摄与制作技巧

本节将学习热门短视频拍摄与制作技巧。

3.2.1 视频重复的"仪式感"

以独特的形式呈现视频,可以形成自己的符号、标签和风格等。在每段视频中添加一个特殊的元素,如动作、表情、语句等,观看次数越多,这种视觉和听觉符号就越使人记忆深刻。

例如,在拍摄旅行类短视频时,每段视频开头都说"姐妹今天去哪玩",然后再介绍出镜人物,那么这句话将成为标志性口号。

也可以在服装配饰方面选定一个重复出现的具有特点的标志物。例如，在拍摄房地产销售类短视频时，可以身穿独特的衣服，并在每次出镜时都穿着该衣服，这将成为观众对视频的独特印象。

3.2.2 逆向思维

以技能类为主要展示内容的短视频往往竞争非常激烈，如果无法在"实力"上赢过他人，那么不妨巧妙运用逆向思维。在创作美食类短视频时，虽然通常难以超越专业厨师在口感和外观上的精湛技艺，但故意制造"翻车"场景却相对容易，而且这类趣味性十足的镜头往往能够吸引那些对"常规美食"习以为常的观众，使他们捧腹大笑，享受其中带来的欢乐。

3.2.3　节奏感更强的卡点剪辑

音乐与视频的完美结合可以极大地提升观众的观看体验。卡点剪辑是一种将视频画面与音乐节奏紧密结合的技巧，使画面与音乐相互衬托，增强整体效果。

例如，在拍摄街舞短视频时，在剪辑过程中，确保每一个动作与音乐节奏相吻合，让观众感受到音乐与舞蹈的和谐统一；在拍摄烹饪短视频时，制作过程中的每一个关键步骤都与背景音乐的节奏相协调，让观众在欣赏美食的同时也能感受到音乐的韵律。

3.2.4　配乐的妙用

视频是由画面和声音共同构成的，视频画面固然重要，但是音乐同样具有感染力，所以选择合适的配乐是非常关键的。下面列举几种配乐的选择思路。

（1）统一性。选择风格与画面统一的配乐，增强视频感染力，如海岛旅行 Vlog+ 浪漫轻音乐。

（2）反差感。选择与画面意境完全相反的配乐，因反差而产生幽默感，如美食"翻车"视频+歌曲《好日子》。

（3）重复力。所有视频都用同一独特且具有感染力的配乐，产生符号效应，让观众在每次听到某首歌曲时都会想起自己的视频。

3.2.5 创意字幕

字幕可以为短视频增添趣味性和丰富性。在拍摄过程中，巧妙地运用字幕，可以让观众更好地理解内容，增强愉悦感。

例如，在拍摄宠物短视频时，在视频中加入逗趣的对话字幕，让观众感受到宠物们的"内心独白"，提升观众的互动感；在时尚穿搭短视频中展示服饰搭配时，可以添加一些关于搭配技巧或潮流趋势的字幕，让观众在欣赏的同时，也能学到一些实用的穿搭知识。

3.3 优质文案撰写技巧

本节将介绍多种文案写作的模板和公式，帮助读者更好地构思和撰写引人入胜的文案。但是要编写出能吸引更多关注的优秀文案，并非直接套用模板和公式就能成功，还需要掌握一些策略和技巧。

3.3.1 短句文案(模板)

模板 1	"你知道吗?[惊人的事件]。"
示例文案	"你知道吗?地球上最深的海沟——马里亚纳海沟的深度可以容纳整个珠穆朗玛峰。"
模板 2	"如果你是[特定的人群],那么你一定会喜欢[相关的事物]。"
示例文案	"如果你是一个甜品爱好者,那么你一定会喜欢这款新出的巧克力蛋糕。"
模板 3	"让我们一起[活动],享受[乐趣]。"
示例文案	"让我们一起去探索秘鲁的马丘比丘,享受历史的魅力。"
模板 4	"[产品]是你需要的[解决方案]。"
示例文案	"这款新的智能手机是你需要的移动办公用品。"
模板 5	"想要[愿望]?试试[建议]。"
示例文案	"想要在聚会中脱颖而出?试试这款新的复古连衣裙。"
模板 6	"只需[步骤],你就可以[结果]。"
示例文案	"只需隔段时间浇一次水并保持充足的阳光,你的仙人掌就可以快速生长。"
模板 7	"你是否曾经[问题]?这是你的解决方案[解决方案]。"
示例文案	"你是否曾经在清洁厨房时感到困扰?这是你的解决方案——全新的多功能清洁剂。"
模板 8	"看看[名字]如何[活动],你也可以!"
示例文案	"看看小明如何在一周内学会弹奏吉他,你也可以!"

3.3.2 短句文案(公式)

公式 1	问题+解答+行动
示例文案	"想知道如何在家做美食吗?跟着食谱做,每个人都可以成为大厨。现在就开始吧!"
公式 2	疑问+挑战+解决方案
示例文案	"你是否厌倦了每天乏味的工作?接受我的挑战,让你的生活充满乐趣。加入我们的兴趣小组,开始新的生活吧!"
公式 3	激发好奇心+揭示真相+引导行动
示例文案	"旅行的真正意义是什么吗?跟随我们的脚步,探索世界的每一个角落。现在就出发,开启你的冒险之旅吧!"

续表

公式4	引出话题+分享见解+邀请反馈
示例文案	"你是否也曾对未来感到迷茫?听听我对未来的看法,也许可以给你一些启示。你对此有什么想法呢?欢迎留言分享。"
公式5	提出问题+揭示答案+引导行动
示例文案	"如何提高学习效率?试试我的学习方法,你会发现学习其实可以很轻松。现在就开始,提升你的学习效率吧!"
公式6	引出话题+分享经验+邀请参与
示例文案	"你是否也曾对摄影感到困惑?听听我是如何从新手变成专家的,也许可以帮到你。你也有类似的经历吗?欢迎分享你的故事。"
公式7	引出话题+提供解决方案+引导行动
示例文案	"你是否也曾对健康饮食感到困惑?试试我们的健康饮食方案,让你轻松享受健康生活。现在就开始,迈向健康的第一步吧!"

3.3.3 长句文案(公式)

公式1	开头抛出问题(设置悬念)+中间讲故事(结合案例+论点认证)+结尾表达个人观点或引导互动
示例文案	"每天做瑜伽能燃烧多少卡路里?"(开头抛出问题,设置悬念) "让我来告诉你,我曾经尝试过一个月的瑜伽挑战。每天早上6点起床,做一个小时的瑜伽。我发现,我不仅感觉更有活力,而且我在一个月内减掉了5千克。"(中间讲故事,结合案例+论点认证) "所以,如果你正在寻找一种既能放松又能减肥的运动,我强烈推荐瑜伽。你准备好接受挑战了吗?"(结尾表达个人观点或引导互动)
公式2	结果前置+证明结果+结尾给出独特的见解和观点或反转(主题升华)
示例文案	"你可能不会相信,我只用一部手机就赚了一百万元。"(结果前置) "我开始在网上卖二手物品,然后我发现了一个市场缺口,开始进货并在线销售。我从每个月几百元的收入,慢慢增加到每个月几千元,最后在一年内赚了一百万元。"(证明结果) "所以,别小看你手中的手机,它可能是你的千万财富。"(结尾给出独特的见解和观点)
公式3	制造冲突(反差)+提出问题+给出答案
示例文案	"很多人可能会认为,做一个程序员就意味着整天坐在电脑前,但事实并非如此。"(制造冲突,反差)

续表

示例文案	"你知道程序员如何保持健康吗？"（提出问题） "其实，许多程序员都有定时做运动的习惯，比如每小时站起来走动一下，或者在午饭后散步。这不仅可以帮助他们保持健康，还可以提高他们的工作效率。"（给出答案）
公式4	引导问题+分享经验+提供建议+结尾鼓励
示例文案	"你有没有想过自己能否成为一名作家？"（引导问题） "我曾经也有过这样的疑问，直到我开始写作。我发现，只要你有想法，有故事要讲，你就可以成为一名作家。"（分享经验） "你可以从写日记开始，然后尝试写短篇小说，甚至是一本完整的书。"（提供建议） "所以，如果你有想法，就拿起笔开始写作吧！你可能会发现自己的潜力超乎你的想象。"（结尾鼓励）
公式5	引入话题+提出问题+分享见解+结尾引导
示例文案	"你有没有想过，为什么有些人总是能保持积极的心态？"（引入话题） "是什么让他们在面对困难时仍然保持乐观呢？"（提出问题） "我认为，这是因为他们知道如何调整自己的心态，他们知道每一次的失败都是成功的一部分，他们从失败中学习，而不是沮丧。"（分享见解） "所以，下次当你面对困难时，试着调整你的心态，看看是否有所不同。"（结尾引导）
公式6	引入话题+提出问题+分享经验+结尾引导
示例文案	"有没有想过，为什么有些人在健身房锻炼后总是那么充满活力？"（引入话题） "是什么让他们在繁重的锻炼后仍然充满活力呢？"（提出问题） "我曾经也对此感到困惑，直到我开始尝试不同的恢复方法。我发现，良好的营养和充足的睡眠非常关键。当我开始注意我的饮食和睡眠，我发现我在锻炼后更有活力了。"（分享经验） "所以，如果你在锻炼后感到疲惫，我建议你关注一下自己的饮食和睡眠，看看是否有所改善。"（结尾引导）
公式7	疑问引导+情感共鸣+结尾反转
示例文案	"你有没有过这样的经历，明明已经努力了，但结果却并不如意？"（疑问引导） "我曾经也有过这样的经历，感觉自己的努力都白费了。"（情感共鸣） "但后来我发现，其实每一次的努力，都是在为未来的成功积累经验。"（结尾反转）
公式8	现象描述+深度解读+结尾启示
示例文案	"在我们的生活中，总会遇到一些困难和挑战。"（现象描述）

续表

示例文案	"这些困难和挑战,虽然让我们感到痛苦,但它们其实是我们成长过程中的催化剂。"(深度解读) "所以,当你遇到困难时,不要害怕,因为这可能是你成长的机会。"(结尾启示)
公式9	情境设定+观点阐述+反问观众
示例文案	"想象一下,当你在一个陌生的城市中,没有朋友,没有亲人,只有你自己。"(情境设定) "这时,你可能会感到孤独和无助。但我认为,这其实是一个了解自己、发现自己的机会。"(观点阐述) "你会怎么做?你会选择逃避,还是选择面对?"(反问观众)
公式10	情境设定+观点阐述+结尾反转
示例文案	"想象一下,当你在一个陌生的城市中,没有朋友,没有亲人,只有你自己。"(情境设定) "这时,你可能会感到孤独和无助。但我认为,这其实是一个了解自己、发现自己的机会。"(观点阐述) "因为,只有当你完全独立时,你才会真正地了解你自己。"(结尾反转)

第4章
短视频运营与复盘

本章内容简介

在发布短视频后,使用什么工具进行数据分析?各个维度的数据表现如何?怎么通过数据得到有价值的反馈?以上是本章的主要内容,通过本章的学习,可以提升自己的短视频运营与复盘能力,使作品更具竞争力。

重点知识掌握

- 发布与推广
- 好作品,投DOU+
- 使用"电商罗盘"复盘短视频数据
- 使用"巨量算数"复盘短视频数据
- 使用"达人广场"复盘短视频数据
- 使用"蝉妈妈"复盘短视频数据

4.1 发布与推广

短视频的发布与推广需要考虑发布时间、定位和话题等。

4.1.1 发布时间

短视频的发布时间对其传播效果具有显著影响,因为不同类型的观众群体在不同时间段内活跃,所以选择合适的发布时间对于提升短视频的曝光度和促进观众互动来说至关重要。以下是一些关于短视频发布时间的指导原则。

(1)参考观众活动习惯。要了解目标观众的作息习惯,以便找到他们最可能观看短视频的时间段。一般来说,人们在吃早餐、午餐、晚餐和睡前最可能浏览短视频。

(2)合理安排发布内容。在不同时间段发布与观众当前状态相匹配的短视频内容。例如,早晨人们精力旺盛,更愿意观看有启发性的内容;而晚上人们可能更喜欢轻松、有趣的内容。

(3)利用短视频应用的黄金时间段。一般来说,短视频应用有4个黄金时间段,即6:30—8:30、11:30—14:00、17:00—19:00和21:00—24:00。利用这些黄金时段发布短视频,可以提高短视频被更多人浏览的可能性。

下表提供了不同时间段的用户活跃度、用户状态和适合发布的视频类型的建议。

时间段	6:30—8:30	11:30—14:00	17:00—19:00	21:00—24:00
用户活跃度	★★★	★★★★★	★★★	★★★★★
用户状态	吃早餐、上班	吃午餐、午休	下班、吃晚餐	睡前
适合发布的视频类型	励志类、早餐类、健身类等	剧情类、吐槽类、搞笑类等	美食类、旅行类、创意类、科技类等	鸡汤类、情感类、育儿类、游戏类、萌宠类、颜值类等
示例				

4.1.2 发布定位，聚焦同城用户

在发布短视频时，利用"同城"选项，能够把内容有效地推送给同城用户。例如，分享有机果蔬种植基地，在该基地内可以采摘水果和蔬菜，同城用户可能对有机果蔬感兴趣，因此会留下评论或者前往体验；分享吃烤乳猪的美食视频，可以吸引想去吃的同城用户；分享玩具店，以便吸引同城爱好玩具的用户。

4.1.3 带着话题发布作品

利用热门话题创作和发布短视频，可以吸引更多的观众。例如，"#夏日炎炎""#我在哪里""#朋友聚会"等都是热门的话题标签。将这些话题融入短视频，可以引起观众的共鸣，增加视频被观看和分享的机会。

#夏日炎炎	#我在哪里	#朋友聚会
关键词：沙滩、大海、游泳、夏日活动……	关键词：旅行、探索、自然、景点……	关键词：友情、欢乐、庆祝、团聚……

4.2 好作品，投 DOU+

DOU+ 是抖音为创作者提供的一种为视频增加热度的工具，可以有效地提高播放量和互动度，增加视频的曝光度，增大"上热门"的概率。使用该工具可以选择投放目标，如点赞评论量、粉丝量、线索量，还可以选择投放时长，如 24 小时、2 天、3 天、7 天等。

步骤 01 找到需要投放 DOU+ 的视频作品，点击右下方的 ··· 按钮。

步骤 02 点击底部的"上热门"按钮。

步骤 03 进入"DOU+上热门"界面后，选择"自定义定向推荐"，并根据需求在下方设置目标用户群体。

步骤 04 点击"达人相似粉丝"下方的"更多"按钮。

步骤 05 在此处点击"添加"按钮。

步骤 06 选择合适的"达人"，然后支付费用。

步骤 07 随后该短视频会在一定时间内出现在这些"达人"的粉丝的推荐页面中，也就实现了一次精准的流量投放。如果视频足够精彩，说不定还能获得更多的点赞、评论和粉丝等。

4.3 使用"电商罗盘"复盘短视频数据

使用"电商罗盘"可以对短视频进行复盘，其中包括带货类短视频和非带货类短视频。

1. 带货类短视频核心数据

带货类短视频核心数据包括分享次数、点赞次数、商品点击率、千次观看成交金额、成交转化率（次数）等。

2. 非带货类短视频核心数据

非带货类短视频核心数据包括短视频观看 PV（page view，页面浏览量）、评论次数 PV、引流直播间次数。

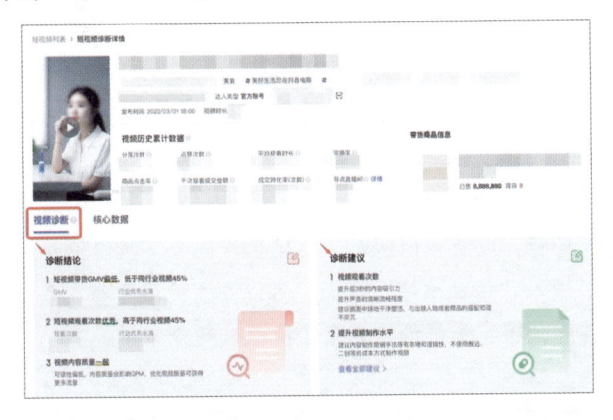

4.4 使用"巨量算数"复盘短视频数据

"巨量算数"是抖音官方的一款数据产品,可以帮助用户更好地了解抖音、抖音电商等数据情况。

步骤 01 进入抖音搜索"巨量算数",并点击"进入"按钮进入"巨量算数"界面。

步骤 02 在"巨量算数"界面中可以看到"关键词""达人""视频"和"品牌"4个选项。

步骤 03 选择"达人"选项后,在下方输入自己的抖音号或其他相似达人的抖音号。

步骤 04 选择"视频"选项后,还可以看到当日的视频热度榜单。

步骤 05 输入达人抖音号后,可以查看账号的基本信息,包括总粉丝量、总获赞量、总作品数等。还可以进入"作者分析"界面,查看核心指标,如新增点赞量,以及相似达人、粉丝热搜词云、热门搜索 Top 100 等。

步骤 06 进入"粉丝画像"界面,可以查看地域分布、年龄分布、性别分布、手机品牌分布、手机价格分布、粉丝兴趣分布等。

第 4 章　短视频运营与复盘　055

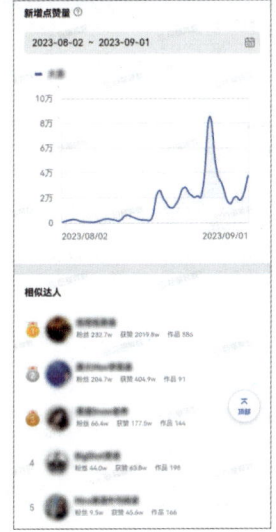

步骤 07 进入"作品分析"界面，可以查看核心指标、达人视频等。

步骤 08 在"作品分析"界面中点击相应视频右侧的"视频分析"按钮，即可查看视频指数、流量分析、观众画像和互动画像的分析数值。

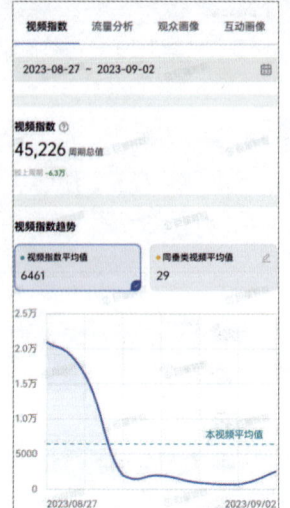

4.5 使用"达人广场"复盘短视频数据

打开"抖店",进入"精选联盟"→"达人广场"界面,即可对短视频的带货数据进行复盘;也可以对"达人"进行数据分析,包括视频带货数据和直播带货数据。

4.6 使用"蝉妈妈"复盘短视频数据

除了使用抖音平台自带的数据分析功能外,还有一些不错的第三方数据分析工具可用于分析抖音、快手等平台的数据,如飞瓜数据、蝉妈妈、抖查查、卡思数据、新抖等。借助这些工具,可以知道哪些是热门的、火爆的视频,从而少走弯路,找到捷径。

飞瓜数据　　　　　蝉妈妈　　　　　抖查查

下面以"蝉妈妈"数据工具为例进行讲解。

步骤 01 使用"蝉妈妈"数据工具可以查看账号的基本信息分析,包括点赞数、转发数、评论数和收藏数等。还可以进行视频的"基础分析",包括指标趋势分析和综合转化分析。

步骤 02 可以进行"视频诊断",包括视频类型、视频基础数据评分,以及点赞数、评论数、转发数、收藏数和行业平均水平等。

步骤 03 可以查看评论分析和观众分析。

步骤 04 可以分析视频排名及行业内 S、A、B、C、D 级别的"达人"的代表账号;也可以加入视频进行对比分析或进行指标趋势对比。

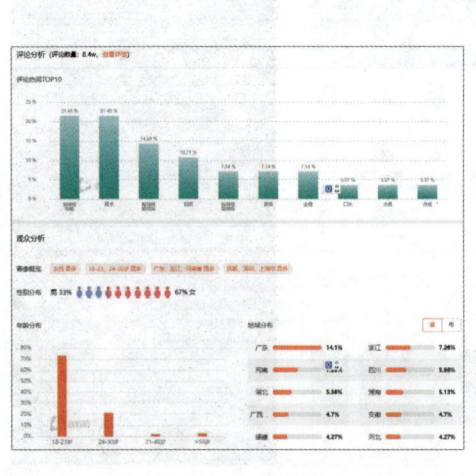

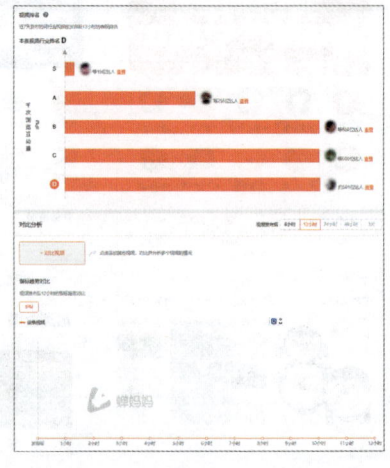

第 5 章
短视频的变现模式

本章内容简介

短视频的变现模式有很多，主要包括通过短视频带货获取佣金、通过短视频承接广告或任务等。

重点知识掌握

- 开通抖音小店
- 在橱窗、视频、直播中推广产品
- 短视频带货
- 承接"巨量星图"广告任务变现
- 承接官方任务变现
- "小程序推广计划"变现
- 承接探店广告
- 线上直播转线下成交
- 知识付费

5.1 开通抖音小店

抖音小店是抖音电商平台为商家提供的一款用于产品销售的工具。开通抖音小店后可以销售自己的产品,也可以与优秀的创作者合作,让他们销售自己的产品,从而产生收益。

5.1.1 抖音小店入驻要求

以下为目前抖音平台对入驻抖音小店用户的部分要求,具体要求可能会有所变化。

(1)需提供企业/个体工商户营业执照。

(2)需提供法定代表人/经营人身份证。

(3)需提供银行账户信息。

(4)需提供商标注册证书及授权书。

(5)需提供银行开户许可证。

(6)进入个人入驻页面之后,根据实际情况填写个人身份信息。

(7)个人身份信息填写完成后,进入抖音小店的店铺信息,按照要求填写店铺的名称、主营类目、店铺标志等。

(8)如果选择特殊主营类目,需要在其他信息里提交相关资质。

(9)涉及类目总数越多,缴纳的保证金就越高。在经营过程中,若新增类目,对应的保证金高于原保证金的,需要补交差额部分。

5.1.2 抖音小店入驻步骤

步骤 01 首先在抖音 App 中点击右下角的"我"按钮,然后点击右上角 ☰ 按钮,在菜单列表中选择"抖音创作者中心"。

步骤 02 进入"抖音创作者中心"界面后点击"全部分类"按钮。

步骤 03 在"功能列表"界面中点击"开通小店"按钮。

步骤 04 选中"我已经阅读并同意上述授权及《账号绑定服务协议》"单选按钮,再点击"立即入驻"按钮。

步骤 05 根据要求填写相关信息即可。

步骤 06 点击账号主页的"进入店铺"按钮,可以跳转至抖音小店。

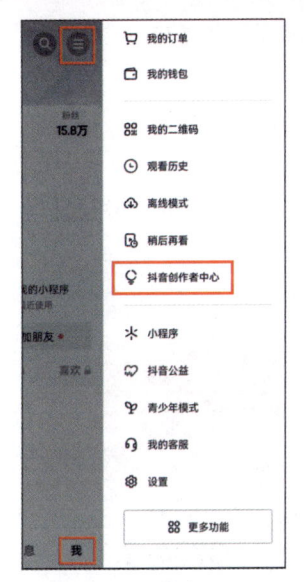

5.1.3 通过"小店随心推"增加店铺热度

"DOU+""小店随心推"和"巨量千川"是抖音旗下 3 个知名的付费推广工具，其主要用于增加曝光度、加速粉丝增长、促进转化等。不同之处在于"DOU+"主要针对非电商场景，用于增加短视频流量和曝光度；而"小店随心推"与"巨量千川"主要用于电商场景中的营销。其中，"小店随心推"更适合小店商家、电商达人、普通达人和电商机构服务商等。

"小店随心推"在短视频带货中的使用方法如下。

步骤 01 选择一条带购物车的短视频，点击右下角的"分享"按钮。

步骤 02 在底部的按钮处滑动，找到并点击"小店随心推"按钮。

步骤 03 选择合适的"投放金额"进行支付即可。

5.1.4 通过"巨量千川"增加店铺热度

"巨量千川"是抖音电商平台针对商家和创作者提供电商一体化、智能高效营销解决方案的工具。进入"抖店"后台即可开通"巨量千川"。使用"巨量千川"的广告投放功能可以为创作者带来更多的流量和销量，尤其是针对抖音带货。

商家或创作者通过"巨量千川"选择适合的营销目标、营销场景和推广方式，付费获取更多的流量和销量。

（1）营销目标：短视频/图文带货、直播带货。

（2）营销场景：通投广告、搜索广告。

（3）推广方式：急速推广、专业推广。

相对来说，"巨量千川"比"小店随心推"的门槛要高一些，但是可以制作更加详细的推广计划，更适合规模较大、品牌实力较强的店铺。在付费投"小店随心推"和"巨量千川"时需要注意投入和产出比，及时通过销售数据衡量是否值得继续投入。

5.2 在橱窗、视频、直播中推广产品

除了开设店铺外，还可以在抖音平台中申请开通"带货权限"，这样可以同时获得"商品橱窗""视频购物车"和"直播购物车"功能。使用这些功能，可在个人首页、短视频及直播中带货。

步骤 01 首先在抖音 App 中点击右下角的"我"按钮，然后点击右上角的 ≡ 按钮，在菜单列表中选择"抖音创作者中心"。

步骤 02 进入"抖音创作者中心"界面后点击"全部分类"按钮。

步骤 03 在"功能列表"界面中点击"商品橱窗"按钮。

步骤 04 在"商品橱窗"界面中点击"成为带货达人"按钮。

步骤 05 在"成为带货达人"界面中设置"开通收款账户"后，点击"带货权限申请"按钮。

步骤 06 根据提示完成申请要求，即可开通带货权限。

步骤 07 成功开设橱窗后，根据要求添加商品。访客就可以在创作者的抖音主页中看到"进入橱窗"的选项。

步骤 08 可以在短视频中添加"视频购物车"。用户可以在短视频的左下角和评论区看到商品的购买入口。

步骤 09 可以在直播过程中使用"直播购物车"功能。

5.3 短视频带货

开启了抖音的"视频购物车"功能之后，在发布短视频时可以在视频下方添加购物车（小黄车）。当观众刷到这条短视频时，会在左下方出现商品信息。点击即可跳转至商品销售页面，通过点击商品信息页面左下角的"进店"按钮，就可以进入抖音小店选择更多的商品。

5.3.1 根据粉丝画像判断带货类型

了解粉丝画像可以为选择合适的商品类型提供有力的数据支持，作为短视频内容的创作者，通过精准的粉丝画像可以作出更好的带货决策。以下是根据粉丝画像来判断带货类型的过程。

1. 了解粉丝群体

创作者需要了解粉丝群体，包括年龄、性别、地域、收入、兴趣爱好、购买习惯等。例如，如果粉丝主要是20～30岁的年轻女性，那么会选择美妆类商品或流行服装类商品。

2. 粉丝需求分析

通过对粉丝的兴趣爱好、互动热度等数据进行分析，探寻粉丝的真正需求。例如，如果发现粉丝对健康生活的内容反响热烈，可以考虑销售有机食品、健身器材等。

3. 利用粉丝画像进行商品筛选

根据粉丝画像的分析结果，去寻找与之匹配的商品，筛选出最有可能引起粉丝兴趣的商品。例如，如果粉丝群体主要集中在家长群体，那么可以考虑儿童用品、教育用品等。

4. 反馈调整

在带货过程中，要随时关注粉丝的反馈，这可以帮助创作者不断优化商品选择，使之更加符合粉丝的需求。如果某一类商品的销售情况不理想，可能就需要再次分析粉丝画像，重新确定带货类型。

想要对粉丝群体进行分析，可以借助蝉妈妈 App、抖查查 App 等第三方数据分析平台，轻松地获取更精准的用户分析数据，如性别分布、年龄分布、地域分布等。

例如，分享生活小妙招的视频账号主要针对爱做家务的人，那么需要带的货就是关于生活的，如厨房用品、小家电等。而且根据人群定位，更适合销售一些物美价廉的商品。如果商品本身足够优秀，并且调性与视频匹配，那么搭配在一起也会显得自然，转化率也会更高。但是建议大家不要在每一个视频中都搭配商品，否则很容易引起粉丝的反感。

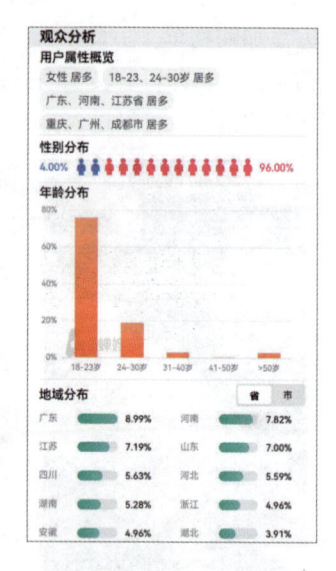

5.3.2　在抖音"选品广场"中找到热销商品

抖音"选品广场"可以允许开通商品橱窗的抖音达人进行选品，并将商品加入橱窗或直播带货中。在"抖音电商精选联盟"界面中可以查看榜单，从而找到热销商品；还可以在"选品广场"中搜索"一元包邮"，找到很多适合作为福利品的商品。

5.3.3　在其他电商平台中寻找热销商品

在淘宝和拼多多等电商平台中，可以通过搜索关键词，并按照销量排序来寻找热销商品。

还可以查看商品的销售数据、评价数据等信息，从而找到具有竞争力的热销商品。如图所示为淘宝和拼多多的热销商品。

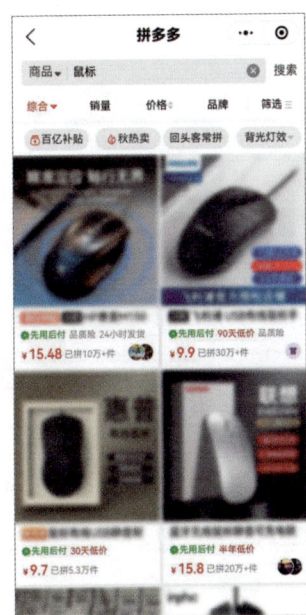

5.3.4 借助其他数据平台找到热销商品

除了能在电商平台中找到热销商品之外，还可以利用第三方的数据平台快速找到当前的热销爆品。以"蝉妈妈"为例，进入"找爆品"界面中，就可以设置"带货分类"，以找到与自己账号匹配的垂直赛道。此外，还可以设置过去的时间范围，如昨天、7天或30天，以查看当前的热销商品以及佣金比例等相关信息。

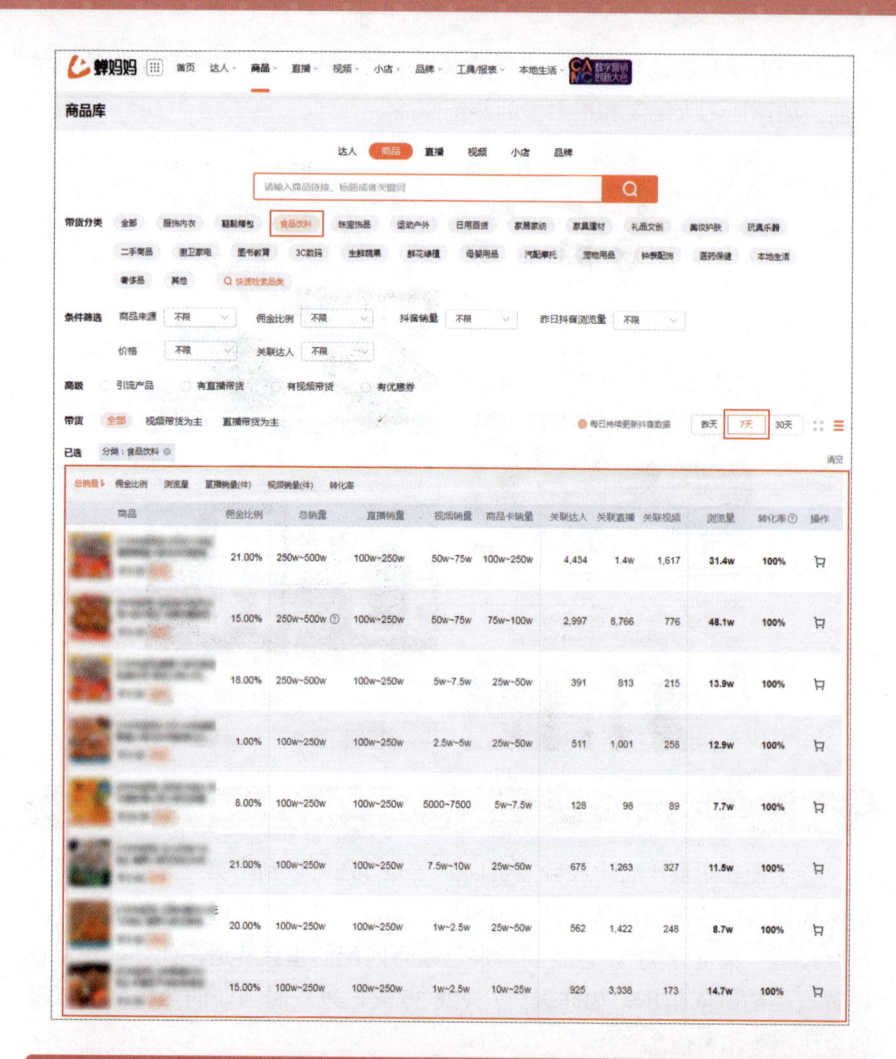

5.3.5 巧用"电商罗盘",轻松选择爆品

开通抖音小店后,须选择要销售的商品。选品之前可以借助"电商罗盘"中的"抖音商品榜"功能来了解目前市场上商品的销售情况。在电脑上打开"抖店"官网,登录后单击"电商罗盘"按钮,然后选择"商品"→"抖音商品榜"命令,即可看到"大盘爆品榜""直播爆品榜""达人热推商品榜""短视频带货榜""成交商品榜""实时爆品挖掘"等内容,有了这些成功案例的数据,可以更有效地帮助卖家选择商品。

5.3.6 主动联系品牌商家

积极主动地与品牌商家接触和沟通是必不可少的一部分，这并不仅仅是为了获取商品的货源，更重要的是建立一种互利共赢的长期合作关系。因此需要做到以下几点。

（1）积极主动地接触与受众相契合的品牌：可以采取多元化的途径，如充分利用社交媒体平台、深入探索品牌官方网站、积极参与行业交流活动等，以便与这些品牌建立联系。在接触过程中，需要清晰地展示自身的独特价值，包括稳固的受众基础、高互动率的粉丝群体，以及过去在带货领域所取得的显著成功案例。这样的展示不仅能够赢得品牌的信任，更能让他们深刻认识到与我们合作所能带来的巨大潜在价值。

（2）提出具体的合作方案：这可能包括商品的推广方式、费用结构、合作期限等。在这个过程中，需要表现出专业性和诚意，让品牌商家知道我们是可靠的合作伙伴。

（3）不断地评估和优化合作模式：要关注的不仅仅是销售额，更重要的是品牌的口碑、客户满意度等长期指标。只有这样，才能与品牌商家建立起稳定的长期合作关系。

5.3.7 销售自有商品

除了推广其他商家的商品之外，销售自有商品也是一条可行的道路。如果自己拥有工厂资源或者是农产品供应商，那么就非常适合在直播中销售自己的商品。

销售自有商品的优点包括以下几点。

（1）作为主播，可以完全掌控商品的质量和定价，能够更好地控制商品的销售结果。

（2）由于对商品更为了解，因此更便于向观众展示商品的优势和特性，增强观众的信任度和购买欲望。

（3）可以更好地保证自己的服务水平，以避免对品牌形象产生负面影响。

5.3.8 挖掘爆品与潜力品

在短视频带货中，挖掘爆品和潜力品是非常重要的。以下是几点有关如何挖掘爆品和潜力品的建议。

（1）市场研究。了解当前市场趋势和消费者需求是挖掘爆品和潜力品的关键。利用市场数据，观察消费者的购买行为，有助于识别那些可能成为爆品的商品。

（2）观察竞品。竞品的销售情况可以提供有价值的信息。仔细研究他们销售的爆品，了解这些商品的特性，有助于找到自己的爆品。

（3）商品试销。可以通过试销不同的商品来找出哪些商品最受观众欢迎，这也是一个寻找潜力品的好方法。

（4）与供应商建立良好关系。如果与供应商建立了良好的关系，他们可能会提前告知哪些商品有可能成为爆品，这将提供优势。

（5）定期评估商品表现。定期评估销售的商品的表现，找出哪些商品销售得最好，这些就可能会成为爆品。同时，也要注意那些销售情况一般，但有上升趋势的商品，这些可能会是潜力品。

5.4 承接"巨量星图"广告任务变现

简单来说，抖音平台中的"巨量星图"功能就是一个"任务大厅"。广告商在"巨量星图"发布广告任务，抖音达人就可以通过"巨量星图"承接广告任务，实现盈利。

5.4.1 开通"巨量星图"承接广告任务

步骤 01 打开抖音，搜索"巨量星图"。

步骤 02 选择"我是达人"/"我是客户"，然后点击"立即入驻"按钮。

步骤 03 回到主页，点击右下角的"我"按钮，然后点击右上角的按钮 ≡，选择"抖音创作者中心"。

步骤 04 从功能列表中选择"星图商单"。

步骤 05 进入"星图"界面,在"星图课堂"中可以学习如何接单和变现。

步骤 06 在"任务列表"中可以选择适合自己的任务。接下来按照要求完成任务获得收益即可。

5.4.2 让客户找到你

当达人粉丝数大于 10 万后,可以在平台开启"在抖音个人主页展示合作链接"功能。开启后,个人主页会显示"找我合作上星图",客户可通过此处联系达人进行合作。

5.5 承接官方任务变现

进入抖音"抖音创作者中心",可以找到"收入变现",其中包括"全民任务""星图商单""中视频计划"等变现方式。

5.5.1 全民任务

"全民任务"是抖音第三方广告发布的平台。商家可以发布悬赏任务,达人按照要求承接并完成任务,即可获得收益。进入抖音的"抖音创作者中心"界面,从功能列表中找到"全民任务"并点击。随后即可看到任务列表,了解任务信息并承接相关任务。

5.5.2 中视频计划

"中视频计划"是抖音联合今日头条、西瓜视频发起的中视频伙伴计划。"中视频"是指时长在 1～30min 的视频内容,主要为横屏视频。时长较长的横屏视频通常剧情更饱满、给观众带来的观感体验也更完整。进入抖音的"抖音创作者中心"→"中视频计划"界面,点击"立即加入"按钮即可发布中视频。

5.5.3　星图 × 游戏发行人计划

"星图 × 游戏发行人计划"是抖音官方发行的游戏推广小程序。创作者可以选择合适的任务进行视频创作。以游戏内容为基础，将游戏植入视频，为游戏增加曝光量并根据游戏的下载量和视频播放量获取佣金。

步骤 01 打开抖音 App，搜索"游戏发行人计划"，点击"进入"按钮。

步骤 02 在任务列表中找到感兴趣的游戏，点击进入详情界面。

步骤 03 进入详情界面后，认真阅读任务的介绍说明，点击右上角的"试玩"按钮，通过录屏或在平台上获取素材包的方式制作相应的视频，再点击下方的"上传视频完成任务"按钮就可以发布视频。

5.5.4　变现任务中心

进入"变现任务中心"界面，可以针对"任务类型""奖励类型"和"行业"进行任务的筛选。

5.5.5　视频赞赏

视频赞赏是用户激励、支持视频创作者的一种方式。开启赞赏功能的视频创作者，有机会获得赞赏收益。观众浏览视频时，长按视频

后点击"赞赏视频"或在分享面板选择"赞赏视频"后进行赞赏。

5.5.6 剧有引力

"剧有引力"计划是抖音短剧面向广大机构、创作者、影视制作公司推出的专项激励计划,提供了DOU+赛道、分账赛道、剧星赛道3条激励赛道只为扶持优质短剧内容。

5.5.7 团购带货

"团购带货"可以围绕本地生活服务进行团购带货,与商家合作进行利润分成。

5.5.8 站外播放

抖音的"站外播放激励计划"为创作者提供了站外展示作品的机会,帮助创作者增加变现渠道,获得更多收入。每月累计最多可获得10000元。

5.6 "小程序推广计划"变现

小程序厂商可以通过抖音平台发布小程序推广计划,创作者可以通过拍摄与小程序相关的视频上传至平台并挂载小程序,用户经由短视频使用小程序,创作者即可获得推广佣金。

搜索"小程序推广计划",并点击"进入"按钮;或进入"抖音创作者中心",找到"变现任务中心"→"小程序推广计划"进入相应界面,即可看到参与推广计划的小程序,按照相应步骤进行操作即可上传推广视频。

5.7 承接探店广告

在诸多变现模式中,承接探店广告也是一个不错的选择,如美食体验、艺术工作室探访等。这种体验式的短视频可以看作一种柔性广告。通过记录和分享创作者的实际体验,观众被吸引到实地消费,从而帮助商家获取利润。

在发布这类短视频时,记得添加具体的城市信息,这样同城的观众就能轻易找到。同时,也要准确地标注店铺的地理位置,使观众可以顺利到达。

特色美食探店	陶艺探店	公园探索
今天,我要带你们一起去体验最有味道的街头美食,马上出发吧	大家有想过亲手制作自己的陶艺吗?今天就带你们来到一家独特的陶艺工作室	有没有想过,一觉醒来,身边就是一片梦幻的薰衣草田?今天,我就带你去感受一下

5.8 线上直播转线下成交

尽管网络直播已经具有很大的影响力,但是有些服务或商品无法通过网络直接进行交易,如主题公园门票、实体书店、汽车试驾服务、瑜伽课程等。这类需要顾客亲自体验的业务如何借助直播提升业务量呢?事实上,对于这类无法在直播中直接销售的业务,可以通过直播进行展示以吸引观众。

例如，主题公园可以通过直播现场游客的体验，让观众提前感受到刺激的游乐设施、神奇的表演秀和独特的环境。引导观众产生兴趣，促使他们购买门票，亲自前往实地体验。

例如，瑜伽课程可以通过直播，让观众预览课程内容，领略教练的专业度和课程的效果。观众在看到直播后，可能会对实体瑜伽课程产生兴趣，从而预约线下课程。

又或者，实体书店可以借助直播提前向读者展示新到的图书、展示书店的阅读环境和独特的店内活动。这不仅可以吸引读者亲自前往书店购买图书，同时也可以借机推广书店的其他活动，如签名会、读书会等。

在直播过程中，主播还可以提醒观众参与线下活动，如特定日期的促销活动、限时折扣等。这种方式实现了线上展示与线下体验的有效结合，拓宽了业务的营销范围。

5.9　知识付费

知识付费是以专业知识、经验、技巧甚至创新思维为销售对象的方式。这种方式在短视频领域中成本低、利润高，并能体现出个人品牌的特色。随着越来越多的创作者进入专业知识分享领域，各个领域的竞争变得异常激烈，内容也逐渐细化、专业化。例如，有的账号专注于讲解摄影技巧，有的账号专注于分享编程知识，还有的账号专门介绍如何成功进行个人投资，或者讲解如何有效使用社交媒体进行自我营销等。

5.9.1　如何使知识付费类短视频更热门

作为一个在抖音上提供知识付费的博主，需要掌握使知识付费类短视频更热门的几个关键因素。

（1）发布实用信息：用户更喜欢那些可以解决他们实际问题的内容。例如，在个人健康和健身视频中，可以分享营养餐制作技巧、健身训练方法等实用信息，让用户觉得这样的内容能够帮助他们改正生活习惯。

（2）高质量的内容：始终保持对内容质量的严格控制，确保每一部分的信息都准确无误。这也可以帮助创作者建立权威和信誉，用户会更倾向于分享和推荐这样的内容。

（3）观众参与：经常在视频中提问和引导评论，使观众参与到讨论中来，提高他们对内容的投入和热情。

（4）内容连贯性：确保系列视频之间有逻辑上的连贯性，每个视频都为下一个视频奠定基础，引导观众关注并期待后续内容。

5.9.2　如何提高付费内容的成交量

提高付费内容的成交量，除了上述提高短视频热度的策略，还有一些特定的方法。

（1）建立品牌形象：通过分享个人经验和自己的故事，以及专业知识，树立自己作为专家的形象，使观众足够信任自己，并愿意购买付费内容。

（2）直播互动：通过直播，实时解答观众的问题，与他们建立更深的联系。在这个过程中，提及自己的付费内容，让观众看到它们的价值。

（3）提供样本：提供一些免费的、高质量的内容作为样本，让观众对自己提供的付费内容有一个预期。这种方式可以帮助粉丝看到付费内容的价值，从而提高其购买意愿。

（4）分享成功案例：分享一些使用自己的付费内容并获得成功的案例，以此来证明付费内容的价值，激励观众购买。

5.9.3　知识付费类短视频的常见形式

知识付费类短视频的常见形式大致可以分为以下6种。

（1）教学课程：这是最常见的知识付费类短视频。创作者会预先制作一系列的教程，然后通过平台售卖。这些教程可能包括一门完整的课程，或者某一特定技能的讲解。

（2）直播互动课程：创作者会在直播中进行知识讲解，与观众实时互动，解答疑问。这种形式的优点在于即时性和互动性，可以提高用户的学习效果和参与感。

（3）直播连麦：在直播过程中，创作者可以选择与某个观众进行连麦，一对一或一对多地解答具体问题。这种形式更加深入和详细，可以对某个问题进行深入讨论和解答。最后将此次直播进行"切片"，发布短视频。

（4）问答形式：用户提出问题，创作者制作专门的视频进行回答。这种形式可以更具针对性地解答用户的问题。

（5）案例分析：创作者通过分析现实生活中的案例，把抽象的知识具体化，使观众更好地理解和吸收。

（6）深度访谈：创作者邀请某个领域的专家进行深度访谈，这种形式可以提供更有深度、更专业的知识内容。

第 6 章
直播带货选品与团队组建

本章内容简介

本章主要围绕直播带货选品与团队组建展开讲解,包括直播带货的流量机制,直播带货选品策略与方法,免费福利、福利品、销量品及利润品的选取与上架等内容。

重点知识掌握

- 直播带货的流量机制
- 直播带货选品策略与方法
- 免费福利、福利品、销量品及利润品
- 组建直播带货团队
- 定价与活动

6.1 直播带货的流量机制

了解直播带货的流量机制对新手直播间来说至关重要。

6.1.1 直播流量机制

直播流量机制主要由人气、观众停留时长、点赞、互动、转化率、粉丝团以及电商数据几个方面组成。这些方面表现得越好,直播间获得的推荐流量就会越多。

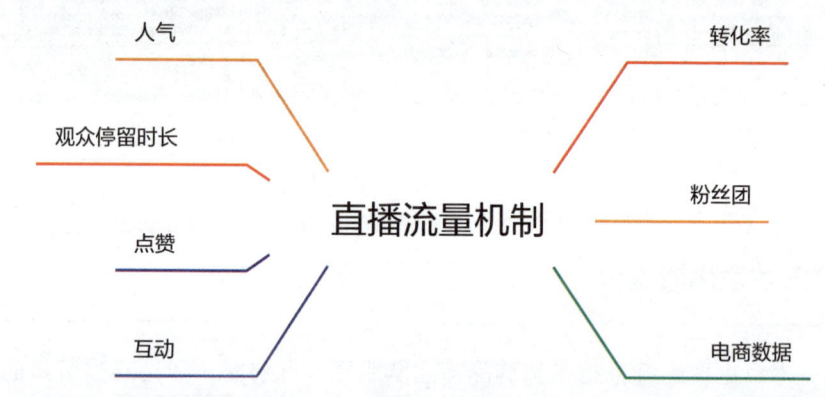

```
人气          转化率
观众停留时长   直播流量机制   粉丝团
点赞
互动          电商数据
```

6.1.2 "流量池"机制

抖音直播采用"流量池"机制,这意味着直播间会被系统自动划分到某个流量池层级。如果在这个层级表现优秀,就有可能跳至更高的流量池层级。在更高的层级中,系统会将直播间推荐给更多的观众。

抖音直播"流量池"机制		
级 别	进场总人数/人	峰值人数/人
E级	100~500	1~20
D级	500~4000	30~60
C级	4000~3万	100~800
B级	3万~20万	1000~3000
A级	20万~100万	3000~10000
S级	100万以上	更多

注:数据随时更新变化,仅供参考。

6.1.3 如何进入更高的流量池层级

众所周知，直播间的观众数量会不断地变化。如果留人技巧出色，每分钟有 100 人点击进入直播间，并且能留下 50 人，那么在下一分钟，再有 100 人进入直播间，观众数量就会达到约 150 人。因此，观众在直播间的停留时长至关重要。如果平均留人时间达到 2 分钟（行业内其他直播间平均观众停留时长约为 1 分钟），那么直播间观众数量将更多。这样，就能逐步突破当前流量池层级，进入下一个更高的流量池层级。在下次开启直播时，系统则会按照更高的流量池层级，自动推荐更多的观众进入直播间。

6.2 直播带货选品策略与方法

在直播带货中，需要确定直播内容的方向和特色，了解目标受众，根据市场需求和趋势选择产品，以及建立完整的选品标准和流程。这些都是重要的选品策略与方法，能够有效地提高销售业绩。

6.2.1 确定目标受众和直播方向及带货类型

在积累大量粉丝后，需要考虑如何盈利，而电商直播带货是变现的直接方式之一。选择合适的产品很重要，好产品能够带来丰厚的回报，不合适的产品则难以吸引观众购买。许多明星参与了直播，但数据可能不佳，原因可能就在于产品选择不当。

因此，在直播前，需要分析账号定位和粉丝类型，找出粉丝画像，了解需求，确定推广产品类型。可以通过蝉妈妈 App、抖查查 App 等分析粉丝群体，获取性别分布、年龄分布和地域分布等数据。

例如，某个以"剧情搞笑"为主的短视频账号，可以查看其粉丝画像，分析视频观众和直播观众人群的性别分布、年龄分布、地域分布及视频观众购买意向、直播观众购买意向。那么就可以根据这些分析结果来确定带货类型；或者找到优秀的同类账号，分析他们的带货类型。

粉丝图像

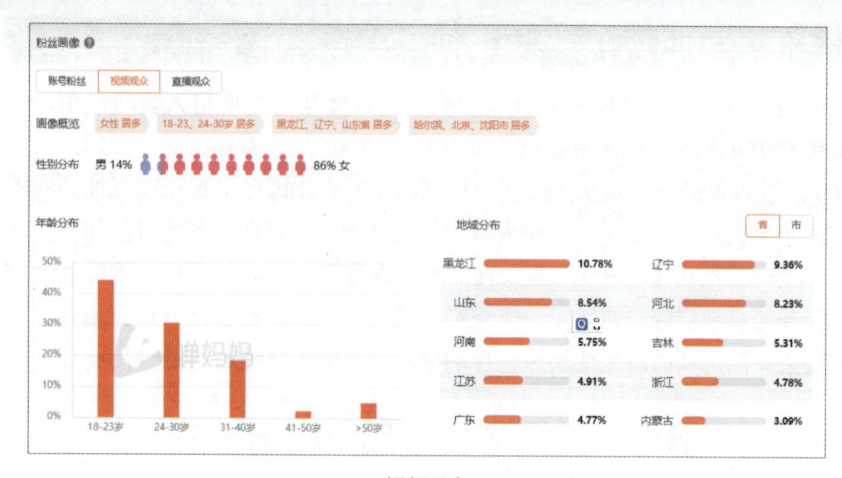

账号粉丝 | **视频观众** | 直播观众

画像概览：女性居多　18-23、24-30岁居多　黑龙江、辽宁、山东省居多　哈尔滨、北京、沈阳市居多

性别分布：男 14%　86% 女

年龄分布

18-23岁	~45%
24-30岁	~27%
31-40岁	~17%
41-50岁	~2%
>50岁	~9%

地域分布（省｜市）

省份	占比	省份	占比
黑龙江	10.78%	辽宁	9.36%
山东	8.54%	河北	8.23%
河南	5.75%	吉林	5.31%
江苏	4.91%	浙江	4.78%
广东	4.77%	内蒙古	3.09%

视频观众

视频观众购买意向

观众占比 100%

TOP1 日用百货　100%
生活日用　100%

全部品类价格偏好

单价区间	占比
20-50	100%

视频观众购买意向

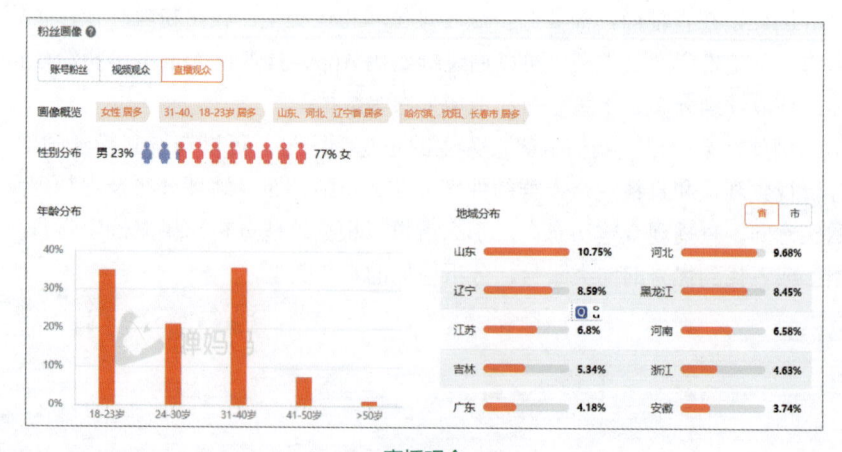

粉丝图像

账号粉丝 | 视频观众 | **直播观众**

画像概览：女性居多　31-40、18-23岁居多　山东、河北、辽宁省居多　哈尔滨、沈阳、长春市居多

性别分布：男 23%　77% 女

年龄分布

18-23岁	~35%
24-30岁	~21%
31-40岁	~36%
41-50岁	~7%
>50岁	~1%

地域分布（省｜市）

省份	占比	省份	占比
山东	10.75%	河北	9.68%
辽宁	8.59%	黑龙江	8.45%
江苏	6.8%	河南	6.58%
吉林	5.34%	浙江	4.63%
广东	4.18%	安徽	3.74%

直播观众

直播观众购买意向		
TOP1 食品饮料	80.82%	
零食/坚果/特产	43.85%	
方便速食/速冻食品	26.65%	
粮油米面/南北干货/调味品	3.74%	
TOP2 生鲜蔬果	15.32%	
肉/蛋/禽类	12.95%	
水果及水果制品	2.03%	
海鲜水产	0.32%	
TOP3 日用百货	1.98%	
个人护理	0.71%	
家庭清洁	0.64%	
生活日用	0.64%	

全部品类价格偏好	
单价区间	占比
0-10	16.34%
10-20	17.53%
20-50	57.14%
50-100	2.67%
100-300	6.32%

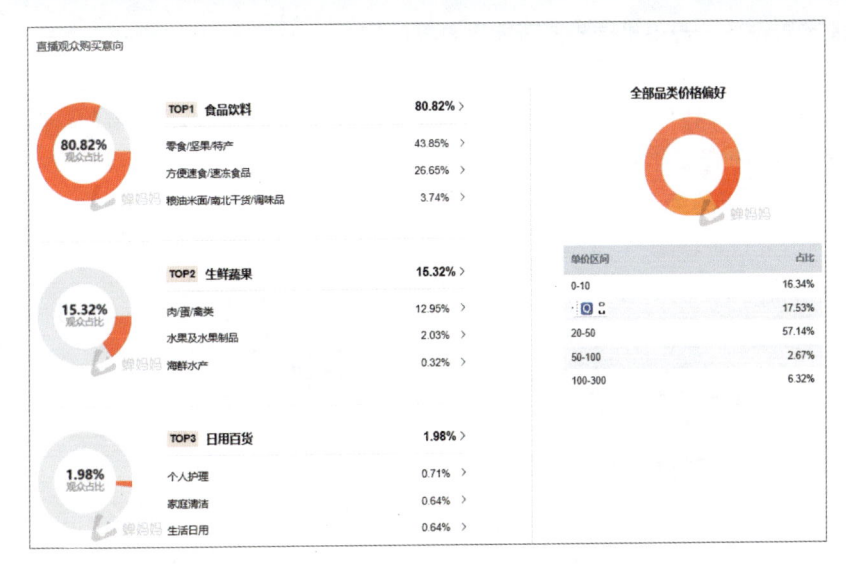

直播观众购买意向

6.2.2　分析市场需求与趋势

　　在选品过程中，深度理解市场需求和跟随市场趋势对于创作者来说尤为关键。以电子产品为例，可以作出以下分析。

1. 市场需求

电子产品市场需求：
- 追求高性能
- 智能化和互联网+
- 追求时尚和个性化

　　（1）追求高性能：随着科技的发展，消费者对电子产品的性能要求也在不断提高。他们不再是只满足于基本的功能，而是寻求更快、更强、更智能的产品。例如，5G 智能手机、高清智能电视等。

　　（2）智能化和互联网+：在互联网时代，消费者期望他们的设备可以连接在一起，以实现更便捷的操作和更丰富的功能。例如，可以远程控制的智能家居设备、与手机同步的智能手表等。

（3）追求时尚和个性化：消费者不仅看重电子产品的性能，也关注其设计和外观。他们希望所使用的产品能反映出自己的个性和品位。例如，拥有设计独特和颜色丰富的个性化手机壳、耳机壳等。

2. 市场趋势

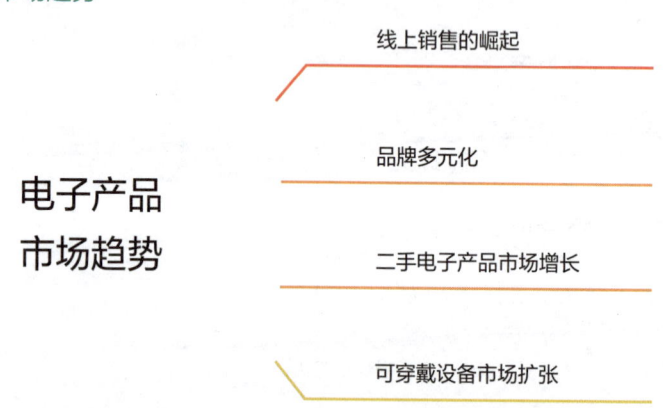

```
                          ┌─ 线上销售的崛起
                          │
                          ├─ 品牌多元化
        电子产品           │
        市场趋势           ├─ 二手电子产品市场增长
                          │
                          └─ 可穿戴设备市场扩张
```

（1）线上销售的崛起：随着电商平台的普及和消费者购物习惯的转变，线上销售成了重要的销售渠道。直播带货和短视频营销也逐渐成为电子产品销售的主力军。

（2）品牌多元化：为了在激烈的市场竞争中脱颖而出，品牌开始寻求差异化和多元化。消费者可以根据自己的需求和喜好，从各种品牌和产品线中进行选择。

（3）二手电子产品市场增长：由于新电子产品更新迭代速度快，消费者可能会频繁更换电子设备，这就导致了二手电子产品市场的快速增长。

（4）可穿戴设备市场扩张：随着健康意识的提高和技术的进步，可穿戴设备如健康手环、智能手表等市场需求也在快速增长。

6.2.3 选品标准、流程及要求

在直播带货中，选品标准、流程及要求对于提高销售业绩至关重要。以下是常用的选品标准、选品流程及选品要求。

1. 选品标准

选品标准是选品的关键，应该考虑产品的市场需求、产品质量、价格合理、品牌影响力、产品特性和供应链稳定等。

选品标准

- 市场需求
- 产品质量
- 价格合理
- 品牌影响力
- 产品特性
- 供应链稳定

（1）市场需求：产品是否符合当前市场趋势和消费者需求，通常需要通过市场研究和数据分析来确定。

（2）产品质量：产品的质量必须过硬，只有优质的产品才能够赢得消费者的信任，从而建立长期的购买关系。

（3）价格合理：产品的价格应该与其价值相匹配，过高或过低的价格都可能影响销售效果。

（4）品牌影响力：具有知名品牌背景的产品更容易使消费者信任，从而激发他们的购买欲望。

（5）产品特性：产品应具有独特的功能或设计，这有助于产品在市场中脱颖而出。

（6）供应链稳定：产品的供应链应稳定，能保证产品的持续供应。

2. 选品流程

选品流程应包括明确选品方向、市场调研、评估市场潜力、与供应商洽谈合作和测试产品在直播中的表现等。

选品流程

- 明确选品方向
- 市场调研
- 评估市场潜力
- 与供应商洽谈合作
- 测试产品在直播中的表现

（1）明确选品方向：这主要依赖于主播自身风格和粉丝群体。例如，一位健身主播可能会选择与健身相关的产品，如蛋白粉、健身器材等。

（2）市场调研：分析所选产品在市场上的竞争优势。例如，健身主播在选择蛋白粉时，要分析市场上蛋白粉的品牌、价格、口碑等因素。

（3）评估市场潜力：分析所选产品在市场上的竞争优势。例如，分析某款蛋白粉的口感、营养成分、消费者评价等，评估其市场潜力。

（4）与供应商洽谈合作：联系所选产品的供应商，了解产品的详细信息、采购价格、合作模式等。例如，健身主播可以与蛋白粉供应商确定合作模式为佣金模式，并商定佣金比例。

（5）测试产品在直播中的表现：在直播环境中尝试展示和推广所选产品，留意消费者的反馈。例如，在直播中介绍蛋白粉的品牌背景、口感、营养价值等，观察观众对此的反应。

3. 选品要求

一款产品应该至少满足一个或多个选品要求，才能获得更好的销量。选品要求包括适合直播展示、互动性强、解决痛点、创新性、品质保证和价格适中等。

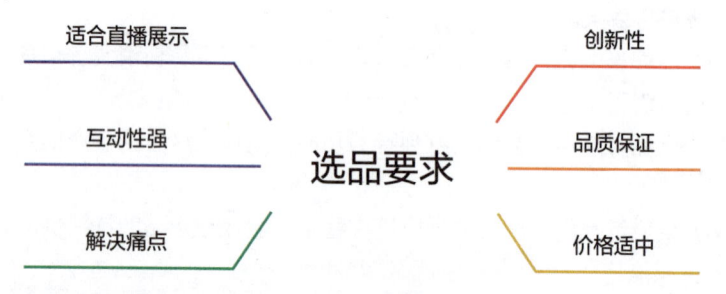

选品要求：适合直播展示、互动性强、解决痛点、创新性、品质保证、价格适中

（1）适合直播展示：产品要适合在直播环境中展示，易于在短时间内抓住观众的注意力。例如，一款拥有闪耀色彩和独特设计的化妆品，可以在直播中让观众快速看到产品的外观和特点。

（2）互动性强：产品应具有高度的互动性，能够激发观众的参与感。例如，一款集合烹饪和游戏的烘焙套装，主播可以在直播中和观众一起完成烘焙任务，提高观众的参与度和黏性。

（3）解决痛点：产品应能解决观众的某些实际问题，满足他们的需求。例如，一个智能空气净化器，可以有效消除观众对家庭空气质量的顾虑，进而显著提高他们的居家生活品质。

（4）创新性：创新的产品更能吸引观众的关注。例如，一款通过 AR（augmented reality，增强现实）技术提供虚拟化妆试穿的 App，可以让观众在购买化妆品前，先在虚拟环境中尝试效果，提高购买的精确度。

（5）品质保证：产品的质量和口碑非常重要。例如，一款经过第三方机构认证和用户评价高的保健品，可以提升观众对产品的信任度。

（6）价格适中：产品价格应该适应主播粉丝的消费水平。例如，针对大学生和年轻职场人的主播，选品时可以考虑品质和价格都适中的电子产品，如一款性价比高的蓝牙耳机。

6.3 免费福利、福利品、销量品及利润品

直播间的销售是一个动态的过程，其中销售的产品并不是随意选择的。为了尽可能地留住观众，同时又要保证销量和利润，直播间中上架的产品需要包括四大类，即免费福利、福利品、销量品及利润品。

1. 免费福利——急速增长人气，增加观众停留时长

免费福利是指主播设置的福袋，观众通过点击"福袋""超级福袋"或"红包"参与抽奖。由于在开奖时需要停留在直播间，因此可以在短时间内聚拢大量人气；而且主播可以设置抽奖口令，使直播间更活跃。

2. 福利品——吸引人气，增加观众停留时长

福利品是直播间中的免费或价格低廉的产品，可以免费赠送或以优惠价格销售。这些产品通常具有较高的吸引力，能够促进密集成交，即短时间内收获高成交量，从而带动直播间的人气。福利品可以是小样试用装、限量赠品或特价产品，让观众感受到优惠和特别待遇，增加观众停留在直播间的时长。

例如，在直播中推出的福利品为一款茶具中的主人杯，原价30元，但在直播间中仅售3元，限量50单。这样便会吸引大量观众进入直播间抢购，从而提高人气。

免费福利　　　　　　　　　　　福利品

3. 销量品——实现密集成交，推动整体销量

销量品是具有一定销量的产品，通常价格相对较实惠，可以吸引更多观众下单购买。这些产品可以是热门款式、畅销产品或套装组合，能够满足观众的购物需求，实现密集成交，同时也能推动直播间的整体销量。

例如，在直播中推出的销量品为一款精美紫砂挂件，原价 60 元，但在直播间中仅售 49 元。这样虽然单品利润少，但是销量会增加，会促成短时间内的密集成交。

4. 利润品——保证盈利，提高直播间运营效益

利润品是价格相对较高、利润较丰厚的产品。虽然销量可能相对较低，但每次成交所获得的利润较高，能够保证直播间的盈利。这些产品可以是高档奢侈品、定制产品或限量版产品，吸引有购买力的观众，提高直播间的运营效益。

例如，直播间在人气逐渐上涨后，推出了一款高档全手工茶宠，售价 199 元，利润丰厚。由于直播间已经积累了一定的粉丝基础和流量，这款高档全手工茶宠也受到了观众的关注，并实现了高利润的销售。

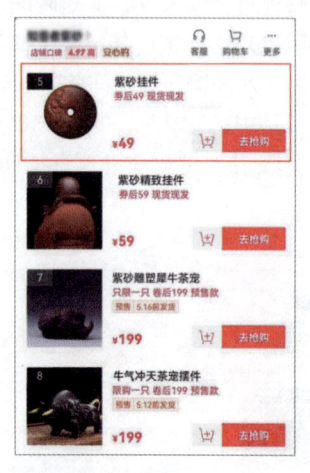

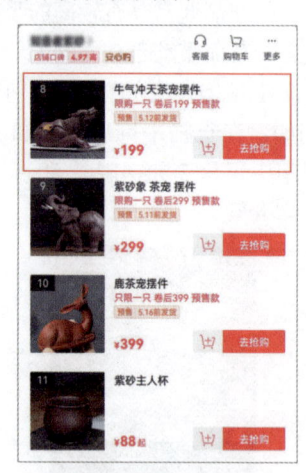

销量品　　　　　　　　　　　　　　　利润品

6.4　组建直播带货团队

组建直播带货团队对于直播带货是极其重要的，而合理的团队配置，能增加带货业绩、减少成本支出。本节主要以如何组建小型和大型的直播带货

团队为例进行讲解。

6.4.1 组建小型直播带货团队

小型直播带货团队最低可以由 2~3 人组成。即使在家，只要有家人的帮助也能够直播。直播带货团队中主要包括主播、助理、运营、剪辑、选品等岗位。

岗 位	职责内容	人 数
主播	主要负责直播间的带货，与观众进行互动和推广产品	1
助理、运营、剪辑	主要负责直播间的管理，后期的内容运营、客户服务，以及短视频拍摄	1
选品	主要负责产品的筛选、与供应商的沟通，确保产品的质量和供应稳定	1

6.4.2 组建大型直播带货团队

大型直播带货团队可以实现比较细致的分工。除了台前的工作人员外，还需要大量的幕后人员。主要包括负责人、主播、助理、直播运营、选品人员、市场推广、内容创作与编辑、数据分析师、客服、财务和渠道合作等。

岗 位	职责内容	人 数
负责人	主要负责直播带货过程的统筹，以及团队的整体业绩和发展规划等	1
主播	主要负责直播间的带货，与观众进行互动和推广产品	2
助理	主要负责协助主播准备直播，包括与直播现场的观众交流、提示主播等	2
直播运营	主要负责直播间的管理，包括评论管理、观众互动等	2
选品人员	主要负责产品的筛选、与供应商的沟通，确保产品的质量和供应稳定	2
市场推广	主要负责团队品牌的推广、观众增长策略，以及与其他品牌的合作等	2
内容创作与编辑	主要负责直播前的剧本策划、直播后的视频剪辑和内容制作	2
数据分析师	主要负责对直播间数据进行收集和分析，为团队提供有价值的建议	1

续表

岗 位	职责内容	人 数
客服	主要负责处理消费者的咨询和问题,提供优质的售后服务	2
财务	主要负责团队的财务管理,包括收支管理、报销审批、财务报告等	1
渠道合作	主要负责寻找和建立与其他平台、品牌的合作关系,扩大产品的推广范围	1

6.4.3 制定绩效奖励和股权激励

以一个由10名成员组成的直播带货团队为例,包括1名主播、2名助理、1名运营人员、2名内容创作与编辑人员、1名客服、1名财务、2名选品与渠道合作人员。

1. 绩效奖励

(1)主播。设定一个月的销售额目标为100万元。达到目标的主播可获得基本工资(如15000元)以外的提成,提成比例为销售额的5%。例如,如果主播当月实际销售额为120万元,那么他将获得75000元的总收入[基本工资(15000元)+提成(120万元×5%)=75000元]。

(2)助理。根据他们在直播过程中的工作表现和客户反馈,给予每月最高8000元的绩效奖金。例如,如果助理在直播中表现出色,帮助主播顺利完成任务,并且客户反馈也很好,那么他可以获得8000元的绩效奖金。

(3)内容创作与编辑人员。根据完成的视频质量和播放量,给予每月最高5000元的绩效奖金。例如,如果内容创作与编辑人员制作的视频在抖音平台上获得了5万次播放,那么他们可以获得5000元的绩效奖金。

(4)运营人员。根据提供的有效数据分析、运营,以及对直播带货策略的贡献,给予每月最高10000元的绩效奖金。例如,如果运营人员的数据分析报告为直播带货策略调整提供了有价值的建议,那么他可以获得10000元的绩效奖金。

2. 股权激励

团队负责人为核心成员(如主播、运营人员和助理)设立股权激励计划。根据他们在团队中的贡献和工作年限,分配一定比例的公司股权。例如,主播可以获得10%的股权,运营人员和助理分别可以获得3%的股权。

当公司实现盈利时，这些股权持有者将分享公司的利润。

通过以上的绩效奖励和股权激励计划，团队成员会更有动力并积极为公司创造更好的业绩，同时也能分享到公司成功的喜悦。

6.5 定价与活动

直播带货产品的定价与活动策略非常重要，合理的定价及活动能获得更高的销量或利润。

6.5.1 定价策略与方法

在抖音直播中销售产品时，定价策略十分关键，它可能会影响到产品的销量、利润以及客户的购买决策。

1. 基于成本的定价策略

基于成本的定价策略是最直观的定价策略，即在产品成本的基础上加上预期利润来确定售价。例如，一件成本为 100 元的衬衫，希望赚取 30% 的利润，那么这件衬衫的售价应定为 130 元。

2. 竞品定价策略

竞品定价策略涉及对市场上的竞品的价格进行比较，并据此定价。例如，如果销售的是一款化妆品，发现市场上同类产品的平均价格为 200 元，那么可以根据自己产品的品质和品牌影响力，将价格定在这个范围内，或者稍低一些以吸引观众。

3. 心理定价策略

心理定价策略主要利用观众的心理因素来定价。例如，很多产品的价格会定为 99 元、199 元，因为在观众看来，这样显得更便宜。在直播带货中，主播可以通过设置原价和折扣价来营造更大的优惠感，如原价 200 元的产品，直播价 149 元，这样看起来就很划算。

4. 动态定价策略

动态定价策略是指在直播过程中，根据观众的反馈和参与度动态调整价格，或者设置阶梯价格，以激励观众购买。例如，可以设定前 100 名购买的观众享受 8 折优惠，后续购买的观众享受 9 折优惠，这样可以刺激观众抓住"先下手为强"的机会。

6.5.2　促销活动与价格策略

在直播带货中，运用促销活动与价格策略可以吸引观众观看和购买，可以大大激发他们的购物热情。需要注意的是，要考虑到产品的成本和盈利情况，避免过度促销导致的亏损。

1. 满减活动

主播可以设定满减条件，如满 200 元减 20 元。例如，直播销售的产品单价为 100 元，此时观众如果购买 2 件，就可以享受满减优惠，有效刺激观众多买一些产品。这样的满减活动通常能够很好地提升产品的销量。

2. 买赠活动

主播可以宣布买指定产品赠送其他产品。例如，直播中的化妆品，买一套护肤品赠送一个化妆包。买赠活动往往可以促使消费者更快地作出购买决策，因为他们会感受到有价值。

3. 秒杀活动

在直播中设置一段时间的秒杀环节，把某个产品的价格大幅降低，如原价 300 元的手表，秒杀价只需 150 元。这样的活动能够激发观众的紧张感和紧迫感，鼓励他们立即下单购买。

4. 抽奖活动

在直播中设立抽奖环节，如购买指定产品就有机会获得抽奖机会，奖品可以是主播送出的产品或优惠券等。例如，每购买 100 元的产品就可以获得一次抽奖机会，奖品包括价值 200 元的优惠券、主播签名照等。这种活动可以增加直播的互动性，同时鼓励观众购买。

5. 限时优惠

设定在某一时间段内将产品价格降低，比如在直播的前半小时，所有产品 8 折销售。例如，主播可以在直播开始时告诉观众，前半小时是特惠时段，所有产品都有 2 折的优惠。这种限时优惠能够吸引观众在特定时间内进行购买。

6.5.3　商品定价及利润计算

以在直播间销售某款化妆品为例，对相应数据进行计算。

（1）产品价格：从供应商那里以每件 60 元的价格购入化妆品。这是成本价格。

（2）直播定价：在直播中对这款化妆品进行定价，设定为每件 100 元，这样每销售一件产品，就有 40 元的毛利润。

（3）满减活动：为了吸引更多的观众，计划设定满减活动，即每满 200 元减 30 元。所以，实际的单件售价将为 100-30/2=85 元，每销售一件产品实际上只有 25 元的毛利润。

（4）当日销售额：在一天的直播中，成功销售了 2000 件化妆品，所以当日的销售额为 2000×85=170000 元。

（5）当日退款额：退款额为 170000×20%=34000 元。

（6）佣金：佣金 =（当日销售额－当日退款额）×佣金率 =(170000-34000)×25%=34000 元。

（7）团队提成：团队提成 = 佣金×提成比例 =34000×10%=3400 元。

（8）平台扣款：平台扣款 = 佣金×扣点比例 =34000×10%=3400 元。

（9）当日支出：当日支出包括营销费用（如千川、随心推等 2000 元）、房租（1000 元）、固定工资（5000 元），以及其他（500 元）。所以，当日支出总计 =2000+1000+5000+500=8500 元。

（10）当日利润：当日利润 =（当日销售额－当日退款额）×佣金率－团队提成－平台扣款 =34000-3400-3400=27200 元。

（11）当日盈亏：当日盈亏 = 当日利润－当日支出 =27200-8500=18700 元。

第 7 章
直播带货内容策划

本章内容简介

关于直播带货内容策划,首先,要明确目标受众的需求和偏好,了解他们对产品的兴趣和关注点;其次,要精心布置合适的直播间场景;最后,需要设计合适的直播环节内容策划和直播话术。

重点知识掌握

- 直播带货策划与准备
- 布置直播间
- 直播带货的不同形式
- 直播中各个环节的内容策划
- 直播话术与互动技巧

7.1 直播带货策划与准备

在直播带货之前，了解受众需求并确定直播主题与风格至关重要。这将有助于增加直播的吸引力，提高观众的关注度，并提升直播的带货效果。

7.1.1 分析受众的喜好与需求

通过大数据分析、用户画像和互动调查，了解受众的喜好与需求，有针对性地进行直播带货。

案例	一家高端手表品牌在进行直播前，通过对社区讨论、评论反馈和网络趋势进行监控，发现观众对于个性化设计和手表制作过程非常感兴趣。于是，在直播中，主播详细介绍了手表的个性化设计，甚至展示了手表的制作过程
要点	（1）利用实时跟踪和实时交流进行观众行为分析。 （2）根据观众的喜好，进行直播内容与产品的个性化定制。 （3）通过直播展示产品的独特性和制作过程以吸引观众

7.1.2 确定直播风格与定位

根据品牌定位和受众喜好，设计符合品牌形象的直播风格，增加直播的吸引力。

案例	一家高级香水品牌在直播销售中，采用了"虚拟旅行"作为直播主题。主播带领观众穿越到香水的原料产地，通过讲述原料的故事，激发观众的购买欲望。同时，通过举行线上香水配制比赛，与观众进行实时互动，吸引了众多热爱香水的消费者
要点	（1）根据品牌定位和观众兴趣，创新直播主题。 （2）设计新颖的交互方式，提升直播参与度。 （3）利用直播主题和交互方式吸引并维持观众的注意力

7.1.3 选定直播主题

选择与品牌相关的、观众感兴趣的直播主题,提高观众的关注度。
(1)新品发布:推出新品,吸引观众关注。
(2)专题讲座:围绕某一主题,如护肤、健康饮食等,进行知识分享。
(3)限时促销:设置限时折扣,激发观众的购买欲望。
(4)节日活动:结合节日,如七夕节、中秋节等,推出特色商品。

案例	某品牌的咖啡选择了"世界咖啡文化探秘"作为直播主题。主播在直播中向观众介绍全球不同地区的咖啡文化与咖啡的制作方法,并分享各种咖啡的独特风味。此外,主播还邀请了咖啡师作为嘉宾,进行咖啡烘焙和拉花表演,吸引了大量咖啡爱好者
要点	(1)制定与品牌特色和消费者的兴趣相结合的直播策略。 (2)选择具有教育性、趣味性和互动性的直播主题。 (3)邀请专业人士作为嘉宾,提高直播的专业性和观看价值

7.1.4 筛选合适的商品

在进行直播带货时,选择合适的商品是非常重要的。以下是考量和筛选合适的商品的几个方面。

(1)目标受众:首先要了解目标受众是谁。分析他们的年龄、性别、兴趣爱好等特征,以确定他们可能感兴趣的商品类型。

(2)时下热门:关注当前市场的热门趋势和流行元素。选择与时下热门话题或风格相关的商品,能够吸引更多观众的关注。

(3)产品质量和口碑:筛选时要确保选取的商品具有良好的质量和口碑。观众对于购买商品的信任度会影响他们的购买决策,所以选择有良好口碑的商品可以增加观众购买的可能性。

(4)适合直播展示:考虑商品的特点和使用场景,在直播中能够清晰展示和演示的商品更容易吸引观众的兴趣。例如,化妆品、服装、家居用品等都是适合直播展示的商品。

（5）利润空间：除了商品的吸引力，还要考虑商品的利润空间。选择利润空间较大的商品，可以提高盈利能力。

（6）合作品牌和厂商：与知名品牌和可靠的厂商合作，可以提供更有竞争力和优势的商品，同时也能增加观众的信任度和购买欲望。

（7）市场调研：进行市场调研，了解竞争对手的直播带货商品和策略，从中获取灵感，同时也可以避免选择与竞争对手重复的商品。

（8）观众反馈和需求：倾听观众的反馈和需求，了解他们的购买偏好和需求，根据观众的意见来筛选和推荐合适的商品。

7.1.5　开播前的商品特性分析

通过深入解析商品的特性和优势，从多个视角展示商品的价值，以提高观众的购买意愿。

例如，在一次精品咖啡豆直播中，主播进行了深入的商品特性解析，包括咖啡豆的产地、烘焙技术、口感和香气等。主播在直播中详细介绍了这些特性，并通过引人入胜的故事讲述，成功引发了观众对商品的购买欲望。

商　品	适用人群	商品特性	主播话术示例
精品咖啡豆	咖啡爱好者	产地纯正、烘焙技术独特、口感丰富、香气浓郁	"这款咖啡豆来自世界知名的咖啡产地——哥伦比亚，经过专业的烘焙技术，口感丰富、香气浓郁，每一口都是一种不同寻常的体验。"
智能健身手环	18～40岁健身爱好者	运动数据监测、长久续航、佩戴舒适	"这款智能健身手环具备实时运动数据监测，长久的续航能力，舒适的佩戴体验，让你在运动的同时，也能感受到科技的便捷。"
创新学习平板	6～15岁儿童及其家长	交互体验好、丰富的教育应用、操作简单	"这款学习平板中有多种寓教于乐的应用，操作简单，孩子可以独立使用。同时，它的互动体验特别好，能让孩子在游戏中学习，享受学习的乐趣。"

7.1.6　直播商品的上架逻辑

在直播带货时，直播商品的排序是有逻辑的。合理的排序能让直播间的人气更稳定，促成更多的成交。以下只是大致思路，实际运营自己的直播间时，要根据现场的变化随时调整策略。

小型直播间的流量非常少，要特别注意观众在直播间的停留情况。因此，在刚开播时，尤其要重视商品的上架节奏。建议提前5分钟开始直播，开始5分钟上架低价热门爆品，尽量选择时下流行的相关商品，而且是要与账户粉丝高度匹配的。不建议把全部精力放在介绍商品上，要尽量使观众停留在直播间，并且还能因为低价促成一些成交。之后可以尝试每5分钟交替上架"福利款""利润款"，当然也可以根据实际直播情况自行调整时间和策略。期间可以设置"福袋"等直播间福利。

时　　长	直播商品	目　　的
提前5分钟开播	低价热门爆品	拉成交、拉停留时长
20:00—20:05	福利款	拉用户停留和互动（憋单）
20:06—20:10	利润款	成交利润
20:11—20:15	福利款	拉用户停留和互动（憋单）
20:16—20:20	利润款	成交利润
20:21—20:25	福利款	拉用户停留和互动（憋单）

7.1.7　开播前的准备工作

开播之前需要进行一定的准备，如设立具体目标、进行市场研究、选择合适的主题、设计互动环节、准备直播设备和环境、预告直播及设定评估指标。

1. 设立具体目标

在开播之前，设立一个具体的目标是重要的第一步，它可以是粉丝增长、产品销售、品牌宣传等。设立目标后，所有的活动都应围绕这个目标来进行。

2. 进行市场研究

在开播之前，应对市场进行一定的研究。了解目标观众、竞品、行业趋势等信息，可以更好地制定策略。

3. 选择合适的主题

选择与目标和市场研究结果相匹配的直播主题。例如，如果目标是销售商品，可以选择商品演示或测评作为直播主题。

4. 设计互动环节

为了吸引和留住观众，需要设计一些互动环节。可以是福袋、问答、游戏等，既有助于提高观众的参与度，又可以让直播更有趣。

5. 准备直播设备和环境

根据直播主题和预计的互动环节,可能需要准备一些设备,如摄像头、麦克风、灯光等。此外,还需要保证直播环境的整洁、安静和光线适宜。

6. 预告直播

在开播之前,可以通过提前拍摄短视频,并在开播前一段时间发布直播预告,提高直播的观看率。

7. 设定评估指标

为了评估直播效果,需要设定一些评估指标,如观看人数、观看时长、点赞数量、销售额等。这些数据可以帮助主播了解自己的直播效果,从而进一步优化直播策略。

7.2 布置直播间

布置直播间可以提高直播的专业度,包括直播间取景、直播间风格布置、直播间灯光、主播服装、直播道具、音频设备、直播背景音乐,以及设置直播间名称和标签等。

7.2.1 直播间取景

直播间的取景取决于直播内容。如果是在做商品演示或教程,可能需要一个室内的环境,如工作室、厨房、工厂等;如果是在进行户外活动或者探店活动等,可能需要在户外,如公园、山丘、城市街头等。总的来说,选择一个与直播内容相关,能够让观众更好地投入到直播内容中的环境十分关键。

室内直播

户外直播

7.2.2　直播间风格布置

　　直播间的布置风格同样是一个非常重要的考虑因素。直播间应该能够反映个性和品牌形象，这可能包括色调选择、布局和装饰等。例如，一个健身主播就可以布置简洁的环境，搭配明艳的色彩，并使用与健身相关的装饰，这样可以激发观众的情绪。

7.2.3　直播间灯光

　　良好的灯光可以使直播画面更加清晰和吸引人。如果是在室内进行直播，那么就需要确保有足够的前置灯光，使主播清晰可见。同时，背景灯光也可以增加画面深度和视觉兴趣。

　　在拍摄女性半身出镜的视频时（如美妆视频），人物的面部需要得到充分且柔和的照明，避免面部出现大面积过暗的阴影。对于新手朋友来说，灯光设备的购买与使用可能存在一定的障碍。实际上，想要实现"合格"的光照，并不一定需要很多灯光，首先可以从一盏灯开始，如一盏环形的"美颜灯"，或者一盏带有柔光罩的专业影视灯。

　　将灯光放置在人物的正前方，拍摄角度与光线方向一致时人物面部更加柔和。也可以尝试将灯光位置适当调高，向下照射人像，会增强人物面部的立体感，形成"蝴蝶光"。

　　人造光的可控性更强，可根据拍摄场景和需求的不同，配置简单或复杂的光照系统。下面介绍一种简单的布光方式——三点布光。这种布光方式适合1～2人，适合在家里或是面积较小的简单室内空间录制视频或直播。

在人物一侧 45°斜上方布置主光源（为了避免其他光线的干扰，可关闭房间照明设备并拉上窗帘），具体位于人物的哪一侧，取决于更想展示哪一侧的脸。接着在主光对侧的位置添加辅助光，以照亮暗面，其亮度可适当低于主灯。在人物的斜后方添加一盏照向人物背面的灯，这盏灯可以使人物从背景中分离出来。

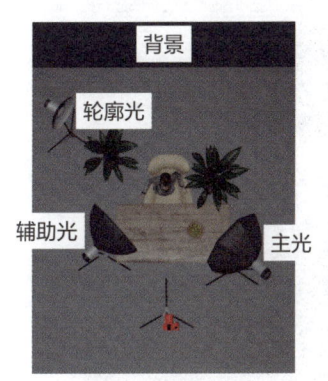

如果播出画面为站姿人物的全景，那么此时场景所占的比例较大，所以灯光的布置不仅要将人物照亮，更要将场景以及商品照亮。下面介绍一种比较基础的全景布光方式。

当前的场景比较简单，画面主体为人物，人物身后 2m 处使用背景布且有简单的家具。除了照亮人物的主光和辅助光外，为了照亮人物的下半身，还需要在正前方布置低位灯光，同时弱化人物身上的阴影。由于空间范围较大，还可以在人物两侧添加照亮环境和背景的灯光。

7.2.4 主播服装

主播服装应该与品牌形象和直播内容相符。例如，如果是美妆主播，可以选择时尚、时髦的服装；如果是健身主播，可以选择健身服。总之，服装应该使主播在画面中看起来专业，并且能够吸引观众。

7.2.5 直播道具

道具可以为直播增添趣味性和动态元素。这可能包括在直播中使用的任何物品，如化妆品、健身器材、食物等。要确保道具是可视的，并且与直播主题相关。

7.2.6 音频设备

音频设备同样重要，因为观众需要清楚地听到声音。使用专业的麦克风，并在安静的环境中进行直播，可以显著地提高音频质量。

7.2.7 直播背景音乐

选择与品牌和直播内容相符的背景音乐，可以增加直播的情感深度和观看体验。

7.2.8 设置直播间名称和标签

在开播之前，可以修改直播间的名称和标签，使用简短的话语描述出直播的内容，如"今晚 8 点直播，福利满满！"

7.3 直播带货的不同形式

为了满足不同观众的需求和兴趣，提高直播的吸引力和激发观众的购买意愿，主播可以探索多样化的直播带货形式。

7.3.1 亲切互动式直播带货

案例	主播"小熊"以自己的狗狗"小白"为例，在直播间详细介绍了一款宠物食品。在直播过程中，小熊让小白试吃食品，并和观众分享小白的反应
要点	（1）利用个人生活细节引起观众共鸣。 （2）直观展示商品效果，增强信任感。 （3）亲密的氛围可以增加观众的参与度

7.3.2　实验演示式直播带货

案例	主播"科学家李"通过一系列实验，演示一款新型清洁剂的清洁效果。在实验中，李主播对比了清洁剂和其他常规商品的效果
要点	（1）利用直观的对比演示来展示商品的优点。 （2）提供科学的解释，增加观众的信任度。 （3）实验的过程可以吸引观众，增加观众的观看时长

7.3.3　娱乐互动式直播带货

案例	主播"搞笑小王"通过各种搞笑段子和互动游戏，介绍一款新型游戏主机。在直播中，主播亲自试玩了几款游戏，并邀请观众一起参与
要点	（1）创造娱乐的氛围，提升观众的兴趣。 （2）直接试用商品，展示商品功能。 （3）与观众互动可以提高人气，提升销售量

7.3.4　自然环境试用式直播带货

案例	主播"户外大叔"在户外使用一款便携式烧烤炉，展示其携带方便的特点和使用效果。观众可以看到在户外烧烤的乐趣，提高观众的购买欲望
要点	（1）展示商品在自然环境中的效果，增加信任度。 （2）增加观众的使用愿望，推动销售。 （3）以自然环境为背景，增加商品的吸引力

7.3.5　实地操作式直播带货

案例	主播"动手王"在自家车库中用一款便携式电钻进行家居改造,展示电钻的性能和便利性
要点	(1)模拟实际使用场景,增强商品的真实感。 (2)展示商品实际操作过程,增加信任感。 (3)以 DIY 的形式吸引观众,提高观众的购买欲望

7.3.6　现场 DIY 式直播带货

案例	主播"手艺人"在直播间展示自己 DIY 制作摆件的过程,同时向观众推荐 DIY 工具套装
要点	(1)通过 DIY 展示商品的实用性,提升信任度。 (2)增强观众的互动性,提高购买意愿。 (3)提供实用技巧,帮助观众更好地使用商品

7.3.7　产地直播带货

案例	主播"旅行家"在某个陶瓷制品的产地进行直播,向观众展示陶瓷的制作过程,并推荐一款该地生产的陶瓷餐盘
要点	(1)展示商品的制作过程,增加观众对商品的了解和信任。 (2)提升产品的原创性和独特性,吸引更多观众购买。 (3)利用地理优势,提升品牌形象和信任度

7.3.8 实体店体验式直播带货

案例	主播"购物小姐姐"在一家专卖美妆的实体店中进行直播,向观众展示并试用某款彩妆商品
要点	(1)展示实体店中的商品种类和氛围,增强观众的购物体验。 (2)主播亲自试用商品,为观众提供实时的反馈和评价。 (3)吸引观众亲自去实体店体验,提高线下销售额

7.3.9 节日促销活动直播

案例	在元宵节期间,主播"欢乐达人"策划了一场特别的元宵节促销活动直播。直播间内布置了各种花灯、彩带,营造出浓厚的节日氛围。主播身着传统汉服,为观众带来精彩的才艺表演。在直播过程中,主播推荐了一系列与元宵节相关的商品,如花灯、汤圆、元宵节礼盒等。同时,为观众提供限时折扣和优惠券,激发观众的购买欲望
要点	(1)布置直播间。以花灯、彩带等元宵节元素布置直播间,营造浓厚的节日氛围。 (2)主播穿着。身着传统汉服,增强节日氛围,吸引观众的注意力。 (3)选品。选择与元宵节相关的商品,如花灯、汤圆、元宵节礼盒等,符合节日主题。 (4)优惠活动。提供限时折扣、优惠券、赠品等激发观众的购买欲望

7.3.10 与线下实体店的互动推广

案例	一家以美食为主营商品的直播间与其线下实体店展开线上线下互动推广活动。在直播带货的过程中，主播带领观众参观实体店，展示各种美食。同时，观众可以在直播间的"小黄车"中在线购买实体店中的商品。此外，直播间还提供线下实体店的优惠券，鼓励观众前往实体店体验与购买
要点	（1）线上直播与线下实体店相结合，提供全方位购物体验。 　　（2）利用直播展示实体店商品，增加商品曝光度。 　　（3）设置扫码购买功能，方便观众在线购买。 　　（4）提供线下实体店优惠券，激发观众前往实体店体验与购买的欲望

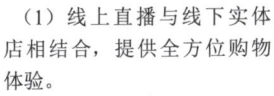

7.3.11 低价折扣式直播带货

案例	主播"省钱小达人"在直播中为观众带来各种高性价比的商品，并提供各种限时的低价折扣优惠。例如，将一款原价 500 元的商品通过折扣优惠降价至 300 元 
要点	（1）通过限时低价折扣，激发观众的购买欲望和提升购买率。 　　（2）主播挑选高性价比的商品，增强观众的信任感和满意度。 　　（3）利用大量的优惠信息和低价折扣，吸引更多观众观看直播，提升直播间的人气

7.4 直播中各个环节的内容策划

本节以一款"全新智能手机"为例讲解直播带货中的开场环节规划、商品介绍与展示环节、互动环节设计、促销与优惠活动环节、结束语与告别环节、互动游戏设计和问答环节设置的具体安排。

直播中各个环节的内容策划：
- 开场环节规划
- 商品介绍与展示环节
- 互动环节设计
- 促销与优惠活动环节
- 结束语与告别环节
- 互动游戏设计
- 问答环节设置

7.4.1 开场环节规划

开场环节能够引导观众关注和投入直播。

序号	开场主题	详细描述
1	主播自我介绍	主播分享个人背景和经验，以便建立信任感
2	直播主题介绍	主播明确提出直播的主题是"全新智能手机的推广和销售"
3	手机预展	主播对将要展示的全新智能手机进行快速预览，概括手机的主要功能和特色

7.4.2 商品介绍与展示环节

商品的细致展示是让消费者产生购买欲望的关键。

序号	商品介绍	详细描述
1	商品特性讲解	主播详细解说手机的独特功能，如出色的拍照效果和出众的处理器性能等
2	商品体验分享	主播分享个人在使用该手机时的真实体验，如触控的流畅度和电池的耐用程度等

续表

序号	商品介绍	详细描述
3	竞品对比分析	主播用实际数据将手机和市场上的竞品进行比较,凸显手机的优势

7.4.3 互动环节设计

有趣的互动环节能够吸引观众的注意力,增加观众的观看时长。

序号	互动环节	详细描述
1	答题游戏	主播设计关于手机知识的答题游戏,提高观众的参与感
2	直播互动问答	主播邀请观众针对手机进行提问,并给出专业解答,增强互动性
3	抽奖环节	主播设立抽奖环节,观众有机会获得手机或者其他礼品,增加直播的趣味性

7.4.4 促销与优惠活动环节

合理的促销活动可以提高商品的销量。

序号	促销活动	详细描述
1	优惠券发放	主播定时发放限量优惠券,鼓励消费者立即购买
2	折扣活动	主播公布手机的限时折扣信息,激发消费者的购买欲望
3	捆绑销售	主播推广手机及配件的捆绑销售,提高销售额

7.4.5 结束语与告别环节

结束语是对直播的总结,能够为消费者留下深刻印象。

序号	结束环节	详细描述
1	活动总结	主播回顾整场直播的亮点和主要内容,加深观众的记忆
2	再次提醒	主播再次提醒观众优惠活动的截止时间,鼓励观众尽快购买
3	感谢观看	主播向观众表示感谢,预告下次直播的时间和主题,吸引观众下次再来

7.4.6 互动游戏设计

通过游戏设计可以提高观众的参与度和观看的乐趣。

游戏名称	游戏规则	目的	奖品
问答游戏	主播设计关于手机的问答游戏,提升互动性,使观众更加了解商品	增加观众对商品价格的了解	折扣券/赠品
观众投票	主播发起关于手机功能、颜色等的观众投票,使观众参与其中	提高观众对商品知识的了解	折扣券/赠品
转发赠品	主播鼓励观众分享直播间,抽取分享者赠送礼品,以此增加直播的覆盖人数	提高购买率和直播间人气	额外优惠券/赠品

7.4.7 问答环节设置

通过问答环节可以解答观众的疑虑,提高消费者的购买信心。

问答环节名称	问答环节规则	目的	奖品
收集问题	主播主动询问和收集观众的疑问,提高互动性	提高观众对商品功效的了解	折扣券/赠品
专业解答	主播根据专业知识,针对观众的问题,进行详细的解答,消除观众的疑虑	提高观众对商品功效的了解	折扣券/赠品
商品推销	在解答问题的同时,主播可以通过强调手机的优点,提升观众对商品的好感度	提高观众对商品功效的了解	折扣券/赠品

7.5 直播话术与互动技巧

直播话术与互动技巧是直播带货成功的关键。主播使用亲切的称呼和找共同话题可以拉近与观众的距离;预告福利活动吸引观众留下;设计抽奖、问答等互动环节增加参与度;回复留言并点赞展现真诚关怀,提升用户黏性;介绍商品,增强购买欲望。需要注意的是,本书中的话术是通过常见直播话术总结而成的,但话术并非一成不变,主播在进行直播和互动时应根据实际情况灵活修改与调整,以达到最佳直播效果。对于商品,直播话术要始终围绕4点,即你需要、你喜欢、价格便宜、现在买最便宜。

直播话术

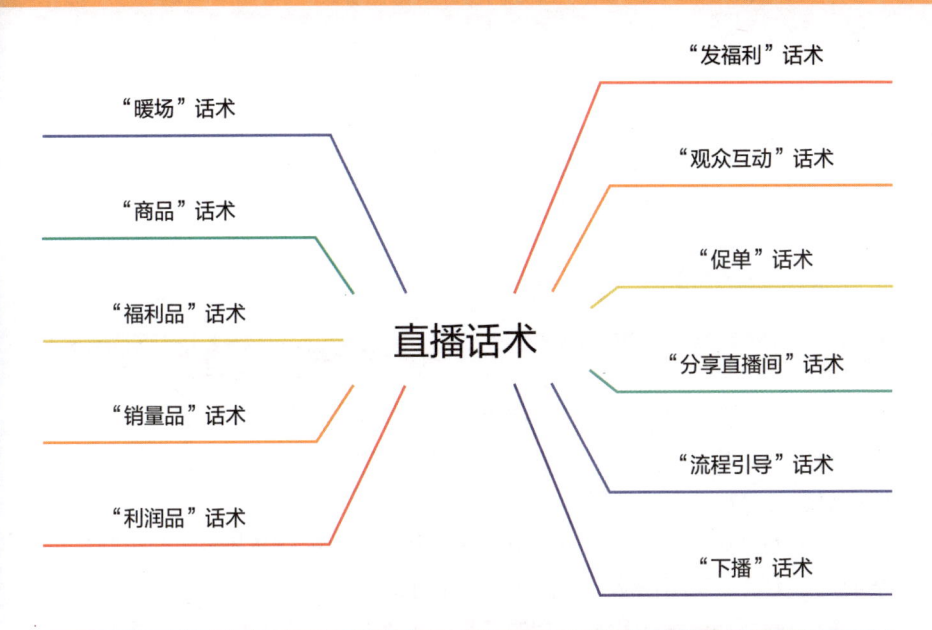

- "暖场"话术
- "商品"话术
- "福利品"话术
- "销量品"话术
- "利润品"话术
- "发福利"话术
- "观众互动"话术
- "促单"话术
- "分享直播间"话术
- "流程引导"话术
- "下播"话术

7.5.1 "暖场"话术

（1）点名（主播亲切称呼新进直播间的观众，与观众拉近距离）话术。

案 例	话 术
例 1	大家好，欢迎新朋友来到直播间！
例 2	×××，欢迎你的到来！有什么想买的东西吗？我给你介绍一下。

（2）找话题（主播找共同话题与观众聊天，促进互动交流）。

案 例	话 术
例 1	大家都喜欢吃什么零食呢？我最近迷上了一款特别好吃的薯片！
例 2	我刚刚尝试了一种美白面膜，效果真的惊艳，有没有人想试一试？
例 3	今天天气不错啊！大家周末有什么计划吗？我们一起讨论一下。

（3）福利预告（提前预告即将来临的福利和优惠活动，吸引并留住观众）。

案 例	话 术
例 1	晚上 10 点，我们将有一场惊喜福利大放送，千万别走呀！

续表

案 例	话 术
例2	各位宝贝,晚上9点半将有惊喜红包雨,记得留在直播间哦!
例3	新朋友们不要走,点击左上角"超级福袋",抢免费奖品哦!
例4	感谢来到直播间的粉丝们,我直播的时间是每天晚上8:00—11:00,今天会有很多福利哦!千万不要走开……

7.5.2 "商品"话术

在开播之前,主播一定要提前做好功课,深入了解每款商品的属性、适用人群、商品特点及商品背景等,甚至要提前准备好与商品相关联的故事,这样更容易获得观众的认同感。

介绍商品时,可以从以下几个部分展开,如介绍商品故事、介绍商品价格的优惠力度、试用商品、增强观众的信任感。

(1)商品的故事、我与商品的故事:主播与观众分享商品的故事和使用体验,增加认同感。

案 例	话 术
例1	这款补水面膜采用植物提取,每次使用后都会让我的肌肤水润光滑,就像重新焕发了活力一样。
例2	这款补水面膜来自××的知名品牌,我一直都在用,效果真的超级棒!
例3	这是我在旅行中发现的补水面膜,因为效果太好了,所以我决定与大家分享。
例4	我是一个长期使用这款面膜的忠实粉丝,绝对是急救、保湿神器!

(2)价格确实便宜:主播强调商品价格优势,吸引观众购买。

案 例	话 术
例1	这款面膜由厂家直供,没有中间商环节,价格非常实惠。
例2	现在购买这款面膜,比平时的价格便宜20%,真的很划算!
例3	和其他品牌相比,这款面膜性价比超高,大家一定要试一试!
例4	大家可以搜一下其他电商平台的价格,咱们直播间的价格更低。

（3）现场试用：主播现场展示商品效果，增强观众的购买欲望。

案例	话术
例1	让我来为大家现场试用这款面膜……你们看，肌肤很快变得水润有光泽！
例2	我在手背上试用了这款面膜，它的吸收速度超快，一点都不油腻。
例3	这款面膜我亲自现场试用，可以看到它的效果真的非常明显。
例4	你们看，这款面膜的质地非常清爽，使用后肌肤水润舒适。

（4）增强信任感：主播展示用户评价或自己的使用体验，增加观众的信赖感。

案例	话术
例1	这是一些用户使用后的真实评价，大家可以放心购买。
例2	我自己也一直使用这款面膜，对它的效果非常有信心。
例3	我们提供全程售后服务，有任何问题都可以随时联系我们。
例4	你们看，这个商品评价是5分，满分哦！

7.5.3 "福利品"话术

福利品是指免费赠送或价格低于观众认知水平的商品，它们能够促进密集成交，提高直播间的人气和关注度，同时提高涨粉、加粉丝团和互动的概率。

案例	话术
例1	大家快回复数字1，领取我特别为你们准备的小礼品，绝对实用！
例2	前15位下单的朋友，每人都可以免费获得一份惊喜小礼物！
例3	留言互动获得互动奖励后，即可获得这份特别的小礼物，数量有限哦！
例4	好奇我要送什么福利吗？揭开神秘面纱，购买任意商品都可以获得哦！
例5	我要准备上链接了，价格超低，抢到就是赚到，3、2、1，上链接！

7.5.4 "销量品"话术

销量品是指销量大但利润较少的商品，它们能带动直播间的整体成交量。观众会发现你的直播间里的价格更优惠，吸引更多观众留在直播间，增加成交量。这是常见的直播带货策略，有效提高了销售额和吸引了观众的关注。

案例	话术
例1	看这款耳机,音质很好,卖得特别火爆,性价比非常高!
例2	这款蓝牙耳机上次直播时火爆抢购,质量和性价比很高,今天它又来了!
例3	这款早餐机特别畅销,每天都有很多用户购买。今天购买立减30元,比平时还便宜,准备好下手吧!

7.5.5 "利润品"话术

利润品是指价格相对昂贵、高利润的商品。新直播间不要急着上这种商品,否则会影响人气。通过"福利品""销量品"带动密集成交,引入更多自然流量,然后再带动利润品成交。"利润品"应该凸显商品品质、功能等,能直击观众"痛点"。

案例	话术
例1	有没有人跟我一样有出国旅行但语言不通的尴尬经历呢?别担心!今天我为大家带来了一款随身携带的翻译器,它能够轻松准确地翻译多国语言,让你的旅行不再受限,畅游世界,无忧沟通!
例2	坐火车、坐地铁,有时会非常吵闹,对吧?这是一款专业级的音乐耳机,采用了最先进的降噪技术,让你在喧嚣的环境中尽情享受纯净音乐。
例3	宝宝睡眠不好,你能睡得着吗?我为大家精心挑选了这款高品质婴儿床,它采用了天然材料,严格符合婴幼儿标准,宝宝和你都睡得好。
例4	这是一款高级咖啡机,不仅可以制作香醇浓郁的咖啡,还能调整咖啡的温度和浓度,满足你对咖啡的个性化需求,让每一杯咖啡都拥有独特的味道。
例5	老人腿脚不好,是不是非常担心他们在走路时摔倒?今天,我带给大家一双老年鞋,鞋底新增20%防滑科技材料,让父母走路更稳。

7.5.6 "发福利"话术

主播积极发放红包、优惠券等福利,并营造抢到就是赚到的氛围,让观众积极参与。留住直播间当前的观众,系统就会认定你的直播内容优质、观众喜欢看,就会给你直播间推送更多的流量。

案例	话术
例1	是不是还有人没有抢到福利呢?我再发一个超级福袋。
例2	来来来,大家一起来抢红包吧,看谁手气最好!

续表

案例	话术
例3	赠品送完了,还有红包等着大家,快来抢吧!
例4	还有5分钟,超级福袋就开奖了,大家别离开直播间哦。

7.5.7 "观众互动"话术

直播互动话术需要主动引导观众进行互动,增加直播热度。

(1)提问式互动。

案例	话术
例1	大家喜欢这款新上市的口红吗?回复"喜欢"或"不喜欢",让我看看你们的选择!
例2	这款面膜谁还没有抢到?

(2)选择式互动。

案例	话术
例	下次直播,大家更想看我分享美妆还是服饰?

(3)刷屏式互动(活跃气氛)。

案例	话术
例1	感谢大家的支持,感觉衣服好好看的,大家刷个"666"!
例2	这款小工具,有没有想免费要的?刷个"我想要"!

(4)抢购的话术(制造商品很难抢的氛围)。

案例	话术
例1	后台看一下,这款低价小风扇还能不能再加10单。
例2	这次的定制手机壳只有50个名额,快来参与秒杀吧,数量有限,先到先得!

7.5.8 "促单"话术

为直播间营造紧张的抢购氛围。

案例	话术
例1	最后1分钟,手慢就没有了。

续表

案例	话术
例2	刚才商品秒没,后台还能上10单吗?
例3	3、2、1,上链接,后台还剩几单?还剩20单。
例4	现在抢购直播间专属优惠,第1单享受半价!
例5	这款家居用品库存仅剩10件,大家速度下单吧!
例6	大家看一下这个数据,销量突破900件了!到910单就不卖了!

7.5.9 "分享直播间"话术

鼓励观众将直播间分享给朋友,带来更多流量。

案例	话术
例1	感谢这位朋友分享直播间,后台赠他一份小礼物。
例2	大家帮忙分享直播间给朋友们,我们直播间今天大优惠!

7.5.10 "流程引导"话术

引导观众关注账号、加入粉丝团、点赞。给观众一个关注你的理由,如与观众自己相关的利益更容易获取关注。

案例	话术
例1	点关注,不迷路!
例2	感谢大家点击左上角的"加入粉丝团"
例3	可以点击下方的小黄车,你喜欢的商品现在在2号链接。
例4	新进直播间的宝宝们,不要直接下单,领了优惠券再下单更划算。

7.5.11 "下播"话术

直播接近尾声,下播前要记得告诉观众下次直播的时间,以及下次直播的福利和商品。

案例	话术
例	明晚8点,准时来我直播间,抢福利。明天的福利有×××,超级划算。

7.5.12 人气不足不是问题，留住观众才是关键

直播带货时，抖音会自动将直播间推送给相关的观众，而这些观众就会随机刷到并进入直播间。很多人都在说："我的直播间人数太少了，那么怎么才能让系统多给我推荐一些观众进来呢？"其实对于新手直播间，首先要考虑的是如何把这部分观众留在直播间，而不是急于去挖掘更多的观众进入直播间。留住了这部分观众，系统就会认定直播内容优质、观众喜欢看，就会给直播间推送更多流量。

想要留住观众，要在活动安排与话术上下功夫，下面以销售男士剃须刀直播间为例进行分析。

（1）互动环节：在人数不多的直播间里，主播要活跃起来。以福利吸引观众互动，增强直播间热度。

话 术	分 析
刚来直播间的朋友快回复"新人"，一会儿我要给新朋友送特别礼物哦！	主动与观众互动聊天，并且通过各种福利来留住观众
新朋友们，我送你们一瓶高质量剃须膏！	赠送小商品的目的是拉人气、留住观众，让系统推送更多的观众进来。赠品应与主销商品高度关联

（2）感谢粉丝环节：点名感谢粉丝，表达主播对粉丝的尊重与重视。同时为"忠实"粉丝赠送礼品，吸引其他观众参与。

话 术	分 析
感谢这位给我持续点赞的朋友，再送你一瓶剃须膏！	介绍赠送的福利品的价值，使观众产生重视。福利品要与主销商品相关

（3）主推商品环节：送完免费福利后，此时观众还停留在直播间。随后转向主推商品，吸引观众继续观看。

话 术	分 析
接下来给大家介绍这款超静音剃须刀，使用起来非常舒适，而且性价比高！	展示主推商品的特点，使观众对商品感兴趣。

续表

话 术	分 析
与竞品对比，我这款剃须刀性能更好，价格更亲民，今天购买还送剃须膏！	对比其他渠道的价格，使观众感受到价格实惠。赠送福利品，使观众更觉超值

（4）限时抢购环节：限量销售+倒计时，营造紧迫感，减少观众作出消费决策的时长，更容易促成交易。

话 术	分 析
快抢！限量20台，3、2、1，上链接！	设置限量和倒计时，让观众感受到紧迫感，促进购买

（5）观众流失阶段：当直播间人数减少时，运营人员应及时提示主播继续发放一波福利，拉动人气。

话 术	分 析
新进直播间的朋友，没抢到福利的快回复"新人"，我再送一波福利哦！	适时发放福利以吸引新进入直播间的观众，维持直播间人气

（6）二轮产品推广环节：当直播间人气上升后，再次展示主推商品，促成交易。

话 术	分 析
朋友们，再次给大家介绍这款超静音剃须刀，使用起来非常舒适，性价比高！	重复展示主推商品的特点，使观众对商品保持兴趣

（7）答疑解惑环节：主播与观众进行互动，解答观众关于商品的疑问，提高购买意愿。

话 术	分 析
有什么关于剃须刀的问题吗？我来为大家解答！	主动与观众互动，解答关于商品的问题，提高观众的购买意愿

(8) 尾声环节：总结直播内容，感谢观众，预告下次直播内容。

话 术	分 析
今天的直播就要结束了，感谢大家的支持！下次直播我们将带来更多优惠福利，敬请期待！	表达对观众的感谢，预告下次直播内容，吸引观众继续关注

7.5.13 话术举例：筋膜枪

1. 直播文案

大家好，今天给大家带来一款超赞的便携式筋膜枪！它是我最近使用的一款神器，帮我有效地缓解了肌肉疲劳和酸痛，简直让我爱不释手！

你是不是经常感觉肌肉酸痛、僵硬？工作忙碌，运动又频繁，身体疲惫是常有的事。这时，×××品牌的便携式筋膜枪可就派上用场了！它采用了高频振动技术，能深层锁定肌肉，放松紧绷的肌肉，瞬间舒缓不适感，而且不会损伤骨骼！

家里有老人或者热爱运动的朋友，你们听好了！这款筋膜枪还具备5档调速功能，适用于不同的肌肉部位，从头到脚都能轻松照顾，让你的全身都能得到放松和舒缓。

而且，它设计便携，可以轻松放进包里，随时随地享受按摩护理。想象一下，在紧张的工作、劳累的运动之后，你可以随时拿出它来放松肌肉，简直是人生的一大福利啊！

家人们，这么好的筋膜枪，市面上定价都不低，得多少钱？得两三百吧？但是在我的直播间，我们谈下了你想象不到的优惠价格！只要99元，就能把它带回家！你没听错，99元！而且还有赠品哦，5只按摩头！准备好手速了吗，我要开始上链接了，5、4、3、2、1！1号链接！99元，已经上车！家人们瞄准1号链接，抓紧时间下单！抢到的家人们回复"抢到"，让大家看到我们的活动是真实有效的！

啊？10秒就抢没了！助理帮我看看有没有没付款的？没付款的家人们我们就要清一下"占车"的了，把库存留给想拍的家人。来，倒计时！10、9、…、2、1！又清出来了××单！家人们抓紧时间付款！没抢到的家人也别灰心，9点我们还会再上一次链接！记得关注我们的直播间，不定期会有更多的特惠活动等着你们哦！

2. 话术要点

（1）强调商品功能：介绍筋膜枪的高频振动技术和 5 档调速功能，突出其舒缓肌肉酸痛的特点。

（2）针对目标人群：针对老人、运动爱好者等特定人群，强调商品的适用性和便利性。

（3）强调优惠：突出直播间的特价优惠，吸引观众下单购买。

（4）营造紧迫感：强调库存有限，鼓励观众快速下单抢购。

（5）提供后续关注：承诺会继续补货，鼓励观众关注直播间，以便参与后续特惠活动。

第 8 章
直播带货运营与复盘

本章内容简介

　　本章将围绕直播营销与推广展开学习，包括如何在直播带货前预热及设计活动、如何在直播带货中监控数据及运营，以及如何在直播带货后复盘等。通过免费的自然流量及付费流量为直播间增加热度。

重点知识掌握

- 直播前的预热与宣传
- 设计直播间内的促销与活动
- 新手直播带货，如何快速"起号"
- 新人刚开播的运营技巧
- 免费为直播间增加热度
- 付费为直播间增加热度
- 使用"蝉妈妈"进行直播复盘
- 使用"电商罗盘"进行数据分析
- 直播带货数据优化

8.1 直播前的预热与宣传

直播带货的成功离不开充分的预热和宣传，这可以增加观众的关注度和参与度，从而提高直播带货的转化率和效果。通过在社交媒体平台发布短视频进行预热和宣传，从而为销售和曝光争取更多机会。

8.1.1 发布预告与倒计时

发布预告与倒计时有助于提前吸引观众关注直播，从而增加直播观看人数。例如，某化妆品品牌将于本周五 20:00 举行直播带货活动，可以在直播前一周开始发布预告与倒计时，提醒观众关注。

案 例	要 点
某健身器材品牌发布预告，将在周四上午 10:00 进行一场名为"揭秘健身新趋势"的直播带货活动，主播将分享最新的健身技巧和训练方法，引领观众们进入全新的健康生活环境	提前发布预告，设置时间倒计时，吸引关注。也可以改变账号昵称，如改为"×××，10:00 直播解密健身新趋势"

8.1.2 制作短视频为直播间引流

通过制作短视频，展示将在直播中销售的产品，引导观众点击进入直播间。

案 例	要 点
某时尚品牌在直播前发布短视频，展示即将在直播中亮相的最新服装系列，展示时尚搭配和夏季热门造型，激发观众们对时尚潮流的浓厚兴趣	制作相关的短视频，展示直播内容，吸引观众的关注

8.2 设计直播间内的促销与活动

设计直播间内的促销与活动是直播带货成功的关键。通过设置吸引力强的优惠活动，如限时折扣、满赠活动、买一送一等，来激发观众的购买欲望，提高销售转化率。同时，制定合理的促销策略，考虑产品的特点和目标受众，如免息分期、限时抢购等，能够有效提高观众的购买意愿。在设计促销与活动时，还需要关注观众的体验感，通过互动环节和赠品奖励提高观众的参与感，提升品牌形象和观众的忠诚度。综上所述，巧妙地设计直播间内的促销与活动，可为直播带货的成功带来积极影响。

8.2.1 设计有吸引力的优惠活动

设计吸引力强的优惠活动，以促进直播间销售。

案例1：美妆直播带货活动

某美妆品牌在直播中推出"买三送一"活动，购买指定数量的产品，即可额外获赠一份同类产品，以此吸引观众多购买。该活动在直播间内进行了倒计时，营造了紧迫感，有效地提高了销售转化率。许多观众为了获得赠品，选择了一次性购买多件产品，进一步提升了销售额。

案例2：时尚服饰直播带货

某时尚服饰品牌在直播中推出"限时抢购"活动，将热销款式的价格降低，并设置限购数量。观众在直播期间购买可以享受折扣，并有机会获得限量特别定制的礼品。通过营造稀缺感，吸引了大量观众的关注和参与，使直播间成为抢购热点，极大地提高了品牌知名度和销售效果。

8.2.2 制定合理的促销策略

结合产品特点与市场需求，制定合理的促销策略。

案例1：电子产品直播带货

某电子产品品牌在直播中推出"限时免息分期购"活动，用户在直播间内购买电子产品时可以选择免息分期付款。该促销策略针对年轻消费者群体，解决了他们对高额付款的顾虑，提高了他们的购买意愿。同时，限时性的活动也促使用户在直播期间作出购买决策，有效地提高了直播带货的转化率。

案例2：家居用品直播带货

某家居用品品牌在直播中推出"买即赠"活动，购买指定家居产品时，即可获得附赠的家居小物品一份。该活动通过赠品增值，吸引观众购买更多产品。同时，在直播间内设置互动环节，让观众分享购买心得，即有机会赢得更多丰厚的赠品奖励，提高观众的参与感，推动销量的增长。

8.3 新手直播带货，如何快速"起号"

新手直播也可以快速起号（在社交媒体平台上创建一个新的账号，并开始进行内容发布及与用户互动,以此来吸引关注和积累粉丝),从而实现开播时有更多的在线人数、更多的销售额。

8.3.1 新手直播注意事项

新手直播可以快速起号,吸引更多观众和粉丝,实现直播间的成长和发展。但同时也要保持耐心和坚持,成功是一个积累和努力的过程。新手直播注意事项主要有以下 6 点。

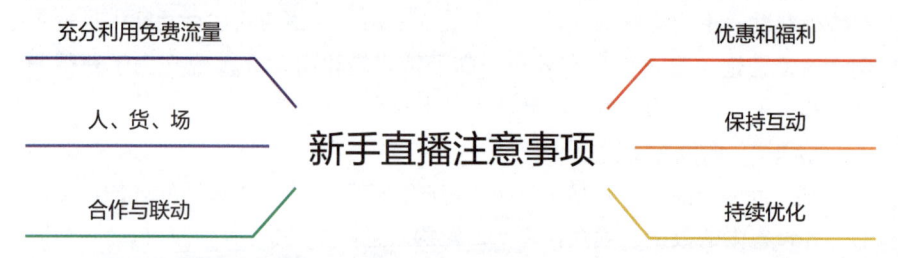

```
充分利用免费流量                    优惠和福利
人、货、场          新手直播注意事项    保持互动
合作与联动                        持续优化
```

1. 充分利用免费流量

在刚开始直播时,可以先充分利用免费流量逐步吸引更多观众。优化直播间的内容,确保主播形象亲和、产品推广专业,同时选择热门的爆品和促销活动,激发观众的购买欲望。

2. 人、货、场

在开始直播带货之前,优质的内容是吸引观众的关键。即使粉丝数量较少,通过优质内容的展示,也能稳定地吸引更多观众。以下从人、货、场 3 个方面讲述如何聚焦优质内容。

(1)人——主播的亲和力和专业度。选择一位具有亲和力和外貌吸引力的主播非常重要。若主播能够自然地亲近观众,并表现专业度,那么观众更愿意留在直播间。主播需要对带货产品进行充分了解,了解产品的特点、使用方法和效果。这样在直播过程中能够流畅地传达产品信息,提高观众对产品的信任感。

(2)货——选择适合直播带货的爆品。选择适合直播带货的爆品也十分关键。爆品通常有更大的市场需求和较高的购买欲望,能够吸引更多观众关注。此外,举行各种促销活动,如限时优惠、组合套餐等,可以激发观众的购买欲望。主播和产品推广团队需要熟练掌握直播带货技巧,如巧妙搭配产品,以提升销售转化率。

（3）场——打造简洁大方的直播间。直播间的装修应简洁大方，不必过于豪华，但务必保持干净整洁、光线明亮和设备清晰。观众更愿意停留在有良好视觉体验的直播间。如果条件允许，可以根据直播内容打造具有意境、氛围和主题性的直播间，以吸引更多观众并提高观看体验。

3. 合作与联动

可以与其他有一定影响力的主播合作，进行联合直播，借助其粉丝基础吸引更多观众；也可以利用短视频预热，通过发布与直播内容相关的短视频，提前引导观众关注直播。

4. 优惠和福利

在直播间中提供一些优惠和福利，如限时特价、赠品等，吸引观众下单购买，增加直播间的人气和销量。

5. 保持互动

与观众保持良好的互动，回复评论和私信，增加观众的参与感和黏性。互动和关注的回报会让观众更愿意停留在直播间。

6. 持续优化

不断总结经验，优化直播内容和运营策略，提高直播间的质量和吸引力。持续改进，逐步积累粉丝和观众，实现直播间的稳步增长。

8.3.2　新手直播，7天快速起号

在账号粉丝少且第一次开启直播带货时，直播间人数少很正常，那么应如何起号呢？如何保证下次开播时人数更多呢？

首先，抖音直播带货的流量是"预分配机制"，即大致以上次直播的情况而定，所以会提前分配流量进入直播间，要非常重视这部分流量，才能逐渐将流量做大，进入更高的流量池层级。

那么，新手应如何在7天内快速起号呢？由于平台流量政策和规则可能随时变化，因此以下方法仅供参考。

1. 第1天：做观众停留

第1天开播时，直播间可能只有几个观众，这时要做好观众停留，不急于卖货。欢迎每一位观众进入直播间，用亲切的称呼和他们互动。以护肤类主播为例，主播可以分享护肤小知识、护肤心得，邀请观众参与讨论。同时，表达对观众停留的期望，鼓励他们多聊天，分享各自的护肤心得，增强

直播间的互动性。

2. 第 2 天：做互动和停留

第 2 天继续注重观众互动和停留，根据前一天的经验调整话术和内容，使观众感觉直播间有趣且富有知识性。可以提出护肤问题，分享护肤产品使用心得，与观众互动讨论，提高观众的参与感。

3. 第 3 天：互动 + 停留 + 粉丝灯牌

继续加强观众互动，引导观众加入粉丝灯牌。可以设立护肤话题的小游戏或抽奖活动，吸引观众积极参与。粉丝灯牌的加入会让观众感受到更多的归属感，从而提高他们的忠诚度。

4. 第 4 天：做成交

第 4 天着重做成交，上架优质且实惠的护肤产品。推出限时促销活动或折扣优惠，吸引观众下单购买。同时，保持与观众的互动，回答观众的问题，增加购买决策的黏性。

5. 第 5 天：做成交 + 互动 + 粉丝灯牌

继续做好成交，加强与观众的互动，鼓励观众加入粉丝灯牌。要遵守平台规则，不违反直播带货相关的政策。可以继续设置护肤问答环节或分享护肤小诀窍，吸引观众留在直播间。

6. 第 6 天：做密集成交，低价福利商品

第 6 天推出低价福利护肤产品，在直播间进行密集成交。低价产品能够吸引更多观众下单，形成爆发式的销售量。同时继续做好观众互动，增加观众的停留时长。

7. 第 7 天：急速流

如果前几天表现良好，可能会迎来急速流，即突然增加大量观众。要准备迎接急速流的挑战，保持直播间的互动性和热度，提高观众留存率。只有成功接住急速流，直播间才有机会进入更高层级的流量池，获得更多推送机会。可以进行护肤品的品牌介绍或限时抢购活动，吸引更多观众的关注和参与。

8.4　新人刚开播的运营技巧

新人刚开直播，一些观众进入直播间，是急着让观众下单呢？还是先稳住人气呢？本节将为新手主播解决以上问题。

8.4.1 刚开播，不要着急做成交

刚开播时，系统会给我们推送一些人气，可能会看到直播间人数突然上涨。但是在这个阶段，建议不要着急做成交，而是先稳住人气，让更多的观众留在直播间。

为什么要稳住人气呢？因为现在进来的观众大多是系统推荐的路人观众，并不是真正的粉丝。如果急于推销产品，可能会让观众觉得过于商业化，失去了直播间的热闹氛围，导致人气迅速下降。

那么应该怎么做呢？要在刚开播时，先和观众打招呼，表现出热情和亲和力。可以问一下观众今天过得怎么样，或者分享一些有趣的故事，增加互动，拉近与观众的距离。

同时，可以玩一些小游戏或者抽奖活动，吸引观众积极参与，也可以讲一些有趣的话题，引导观众进行讨论，营造一个轻松愉快的氛围。

小黄车也可以挂上，但不要急着介绍产品，重点是吸引观众留下来。等稳住了人气，观众逐渐稳定后，再逐渐引导他们了解产品。

所以，不要急于成交，要先稳住人气，让直播间热闹起来，让更多的观众了解我们，让更多的观众喜欢我们。

8.4.2 直播数据的 3 种状态

主播开始直播带货时，可以看到自己直播的数据状态，那么哪种曲线状态才是更佳的直播状态呢？

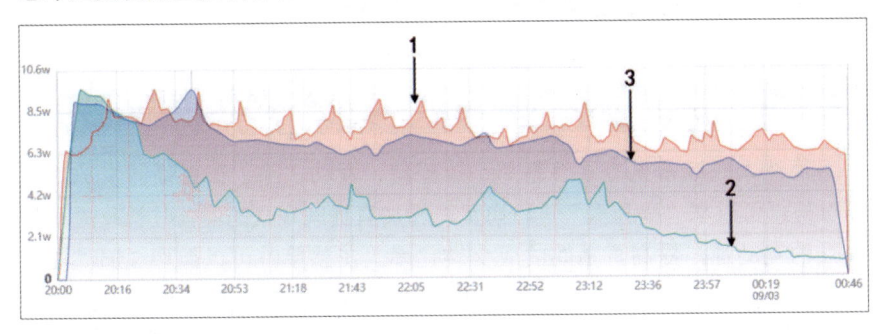

1. 直播间人气曲线基本是平的

这种情况下，很大可能是直播间刚进行带货，流量非常小，系统推送没有过急速流，直播间的人气曲线从开播到下播基本是平的。

那么，需要把直播间的观众的停留数据和成交数据尽量做好，这样系统才会自动给直播间设定更精准的带货类型标签，之后直播带货时系统会推送更精准的流量和急速流。

2. 急速流带来高峰人气，随后跌落低点

在开播时有过急速流，短时间进入很多观众，但是主播没接住急速流的人气，所以短时间内直播间人气跌落低点。

3. 高开低走（每卖一次货，人气就下降一次）

直播间已经运营了很久，不属于新手直播。但是直播数据非常不稳，开播人气数据不错，但是在介绍和上架某款产品后，人气就下降一次；再介绍和上架某款产品后，人气就又下降一次。

8.4.3 稳定直播数据曲线，让人气和成交循环起来

以上提到的 3 种直播人气曲线都是存在问题的，会直接导致直播间持续没人气，成交也就逐渐变少。那么如何稳住直播间人气呢？

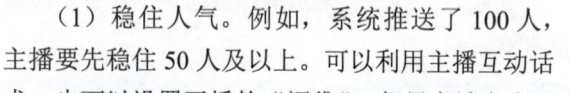

（1）稳住人气。例如，系统推送了 100 人，主播要先稳住 50 人及以上。可以利用主播互动话术，也可以设置开播的"福袋"，想尽办法留人，先不急于成交。

（2）开播一会儿后，稳住了人气。这时可以在直播间做产品成交，提升 GMV（gross merchandise volume，成交金额）。这样系统会继续给直播间推送观众，而此时直播间也可能会流失一部分观众。

（3）继续稳住人气、做成交，并循环操作。

8.4.4 稳住人气的常见方法

稳住人气的常见方法有憋单、拉停留、互动。除了在直播间发放"福袋"外，可以拿"福利款"进行憋单，增加直播间观众的停留时长及提升与观众的互动性，提高直播间的成交转化率。在憋单时可以循环 3 遍"福利品"+1 遍"利润品"，人气上来之后，可以循环 1 遍"福利品"+1 遍"利润品"，这样会使人气在高、低、高、低之间来回波动并趋于稳定。用"福利品"憋单来提升直播间人气，上架完"福利品"后，借助高人气上架"利润品"，上架完"利润品"后人气自然会下滑，之后继续上架"福利品"。期间可以交叉"福袋""超级福袋"，以获得更高的直播间停留人气。

直播时长建议 1 小时以上，如果播到没流量了则可以下播，有流量就可以一直播。没有流量是指直播间流量远低于峰值，如开播峰值是 100 人，现在只有不到 10 人，那么就可以下播了。

8.5　免费为直播间增加热度

免费为直播间增加热度（流量）是做好直播带货的第一步。免费流量的获得方式有很多，包括推荐、关注、商城、同城、直播广场、短视频等。

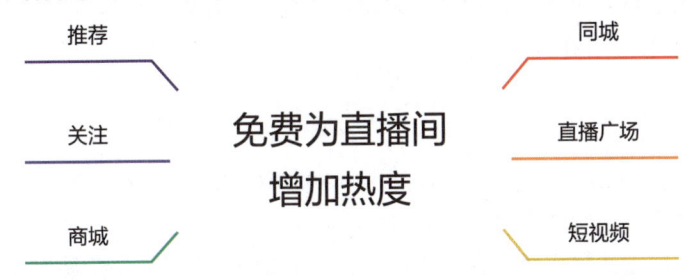

8.5.1　推荐

"推荐"是抖音平台对直播间的成交和停留等数据进行分析后，自动向用户推荐的流量。观众会在抖音的"推荐"栏中滑动视频时刷到直播间，有兴趣的观众会直接进入直播间观看直播。

8.5.2　关注

"关注"是抖音顶部的栏目，点击即可查看观众所关注的主播是否正在直播。直播间在关注列表的排序会受到多方面因素的影响，如粉丝量、互动、成交和停留等。因此，运营直播间时要注意将以上几个方面做好，争取排在观众的"关注"列表前面。

8.5.3　商城

"商城"是抖音顶部的栏目，点击即可在"直播精选"中找到正在带货的直播间。该功能可以精准地引导流量。

8.5.4　同城

"同城"是抖音顶部的栏目，用户点击即可进入同城，在这里可以浏览本地的直播间。该功能适合本地生活的商家或达人进行使用。

8.5.5 直播广场

用户在滑动视频时可能会滑到直播,点击即可进入直播间。在直播间右侧可以点击"更多直播",进入"直播广场",这里展示了许多不同类型的直播间。

8.5.6 短视频

在开播之前发布与当天带货产品相关的短视频,如果观众滑动到视频,会在头像上显示直播。这种进入方式就是视频推荐入口。通过短视频预热,将观众吸引进直播间,提高成交转化率。

8.6 付费为直播间增加热度

为提高直播间热度,主播可以采用多种付费方式。例如,使用 DOU+ 为直播间或短视频吸引观众,运用"小店随心推"展示商品,通过"巨量千川"投放广告或使用"抖音信息流广告(本地推、广告)"拓展观众群。同时,在直播间举办各种活动,如抽奖、福袋、红包等,可以进一步提高观众参与度和销售转化率。总之,在付费为直播间增加热度时,要始终保持高度的法律意识和道德观念,要遵守法律法规、注重内容质量、避免蹭热度、精准投放以及实时监测与收集反馈等,以确保推广活动的合规性和正面性。

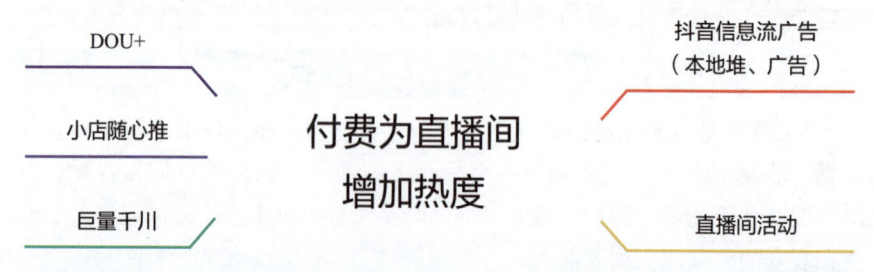

付费为直播间增加热度
- DOU+
- 小店随心推
- 巨量千川
- 抖音信息流广告(本地推、广告)
- 直播间活动

8.6.1 使用 DOU+ 为直播间或短视频增加热度

DOU+ 是一种有效的方法,可以为直播间或短视频增加热度。通过 DOU+ 为直播间或短视频投入一定的资金,可以提升曝光度和推荐力度。这样,内容将更容易被用户发现和关注,从而吸引更多的观众和粉丝。同时,DOU+ 还能帮助主播实时监测数据和效果,了解投入和回报,从而更好地优化内容和推广方式。利用 DOU+,直播间或短视频有机会获得更高的点击率和互动率,从而提升整体热度和影响力。

8.6.2 使用"小店随心推"为直播间增加热度

直播带货时，需要进入抖音的"抖音创作者中心"，找到"小店随心推"，即可进行付费"直播推广"。

8.6.3 使用"巨量千川"为直播间增加热度

"巨量千川"是抖音电商平台针对商家和创作者提供电商一体化、智能高效营销解决方案的工具。进入"抖店"后台即可开通"巨量千川"。使用

"巨量千川"的广告投放功能可以为创作者带来更多的流量和销量,尤其是针对抖音带货。

相对来说,"巨量千川"比"小店随心推"的门槛要高一些,但是可以制作更加详细的推广计划,更适合规模较大、品牌实力较强的店铺。在付费投"小店随心推"和"巨量千川"时需要注意投入和产出比,及时通过销售数据衡量是否值得继续投入。

使用"巨量千川"为直播间付费增加热度,转化目标包括"进入直播间""直播间商品点击""直播间下单""直播间粉丝提升"和"直播间评论"。

8.6.4 使用"本地推"为直播间增加热度

通过在"本地推"平台投放广告的方式，可以将直播间的内容和信息精准地推送给本地观众，提高直播间的曝光率。因为"本地推"会根据观众的地理位置进行定向推送，所以能够吸引更多本地观众进入直播间。

8.6.5 使用"广告"为直播间增加热度

"广告"也是一种有效的方法，可以为直播间增加热度。抖音信息流广告是一种非常有效的提升直播间热度的方式。通过在抖音主页推荐中投放带有"广告"标识的视频，吸引用户的注意力，并引导他们进入直播间。这样可以帮助主播扩大观众群，提高直播间的人气。

广告投放可以在搜索某个商品或关键词时出现，也可以在随机滑动视频时展示，点击即可进入直播间。通过这种方式，主播可以吸引更多潜在观众进入直播间，增加直播间的热度和人气，为直播带货带来更多成功的机会。

8.7 使用"蝉妈妈"进行直播复盘

在每一次直播结束后,都要及时进行直播复盘,尽早发现问题、解决问题,发现优势、保持优势,这样才能取得长足的进步。常用的数据分析工具有蝉妈妈、飞瓜数据和抖查查等,可以借助这些工具进行直播复盘。

下面以"蝉妈妈"数据分析工具为例进行直播复盘。

(1)使用"蝉妈妈"可以对整体数据进行复盘,同时可以很直观地总览直播的流量、在线人数、进场人数、离场人数、成交、预估销量和预估GMV等。

(2)使用"蝉妈妈"还可以单独对某一部分进行分析。例如,在20:15时,达到了人气峰值,此时的进场人数也是最多的。因此,可以重点关注此时的商品、话术、福利等,把优秀的内容记录好,下次开播时可以继续沿用。

第 8 章　直播带货运营与复盘　　135

（3）在 20:21 时，离场人数达到了高峰值，此时大量观众离开直播间。复盘时要重点找到此时直播的画面，充分分析此时的商品、话术等，查找问题所在，并在后面直播时注意整改。

（4）使用"蝉妈妈"可以查看本场直播的互动情况和关注情况，若发现增量较少的情况，建议在话术方面进行整改。例如，让助播每隔一段时间提醒主播引导粉丝互动及关注，以提高账号的持续性。还可以查看"带货小时榜"，分析自己直播间的排名情况。

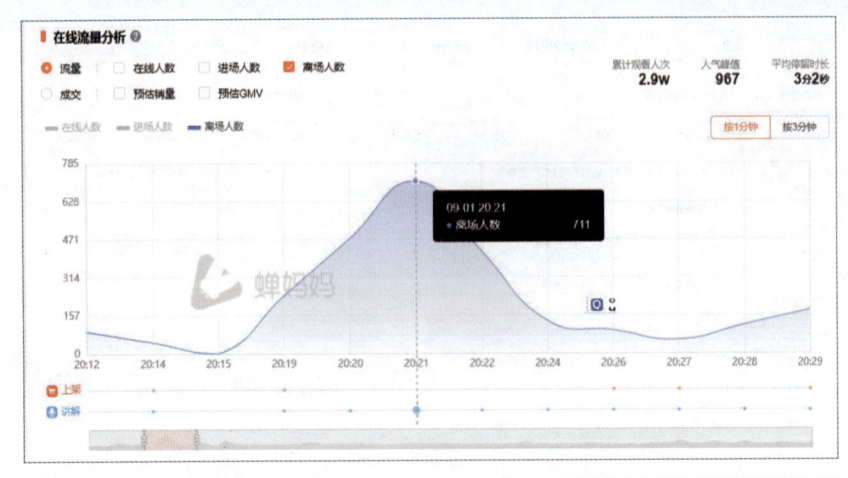

(5）使用"蝉妈妈"可以分析"直播间流量结构"，从而确定本场直播的流量来源，如短视频引流、关注、推荐 feed、付费（预估）和其他等这些来源所占的比重，从而进行更好的流量结构调整。例如，增强短视频内容，确保免费的短视频引流占比更高，节省更多推广费用。

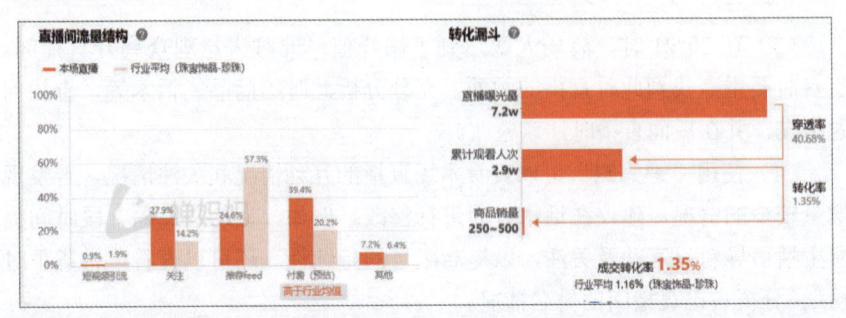

（6）使用"蝉妈妈"可以通过"商品分析"对每款商品的销量、销售额、累计讲解时长、上/下架时间等进行比对分析，从而找到本次直播带货中哪几款商品是"爆款"，甚至不需要较长的时间进行讲解；或者找到哪款商品即使主播反复讲解，也最终销量平平。因此可以在每次直播后进行分析，选择适合带货的商品及类型，达到带货次数越多、带货商品越精准和带货 GMV 越高的目的。

（7）使用"蝉妈妈"可以通过每个时间段的"粉丝团分析""涨粉分析"数据曲线的变化来优化话术。

（8）可以看到本场直播热度最高的"弹幕"，这可能就是直播间观众最需要的商品类型，可以在下次直播时提前准备好观众呼声较高的商品。

（9）使用"蝉妈妈"可以整体分析本次直播的"直播诊断结果""带货指标诊断""人气指标诊断"，以及本场直播的商品销量、销售额、UV 价值、带货转化率、客单价、带货口碑分、转粉率、互动率、观看人次、人气峰值、平均停留时长和平均在线等。

（10）使用"蝉妈妈"还可以进行"自助分析"，可以选择某一项进行比较。例如，选择"转粉率"，可以看到自己的账号与同类型账号的级别。

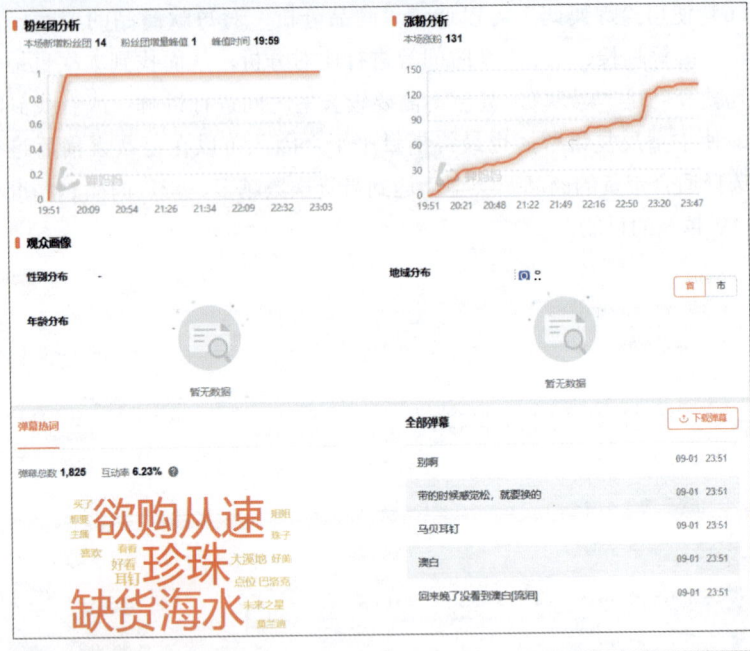

新媒体电商运营指南

粉丝团分析
本场新增粉丝团 14　粉丝团同增最高值 1　峰值时间 19:59

涨粉分析
本场涨粉 131

观众画像
性别分布
地域分布
年龄分布

暂无数据

弹幕热词
弹幕总数 1,825　互动率 6.23%

欲购从速　珍珠　缺货　海水

全部弹幕

别啊	09-01 23:51
带的时候感觉蛮松，就要换的	09-01 23:51
马贝耳钉	09-01 23:51
澳白	09-01 23:51
回来晚了没看到澳白[捂脸]	09-01 23:51

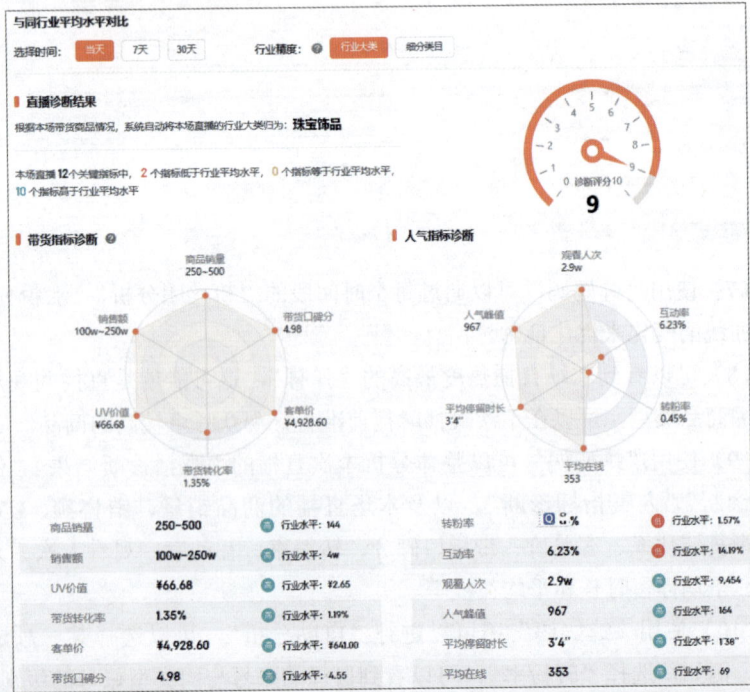

与同行业平均水平对比
选择时间：当天　7天　30天　行业精度：行业大类　细分类目

直播诊断结果
根据本场带货商品情况，系统自动将本场直播的行业大类归为：**珠宝饰品**

本场直播 12 个关键指标中，2 个指标低于行业平均水平，0 个指标等于行业平均水平，10 个指标高于行业平均水平

诊断评分 9

带货指标诊断
- 商品销量 250-500
- 销售额 100w~250w
- UV价值 ¥66.68
- 带货转化率 1.35%
- 客单价 ¥4,928.40
- 带货口碑分 4.98

人气指标诊断
- 观看人次 2.9w
- 人气峰值 967
- 平均停留时长 3'4"
- 平均在线 353
- 互动率 6.23%
- 转粉率 0.45%

指标	数值	行业水平	指标	数值	行业水平
商品销量	250-500	行业水平：144	转粉率	0.45%	行业水平：1.57%
销售额	100w-250w	行业水平：4w	互动率	6.23%	行业水平：14.19%
UV价值	¥66.68	行业水平：¥2.65	观看人次	2.9w	行业水平：9,454
带货转化率	1.35%	行业水平：1.19%	人气峰值	967	行业水平：164
客单价	¥4,928.40	行业水平：¥641.00	平均停留时长	3'4"	行业水平：1'38"
带货口碑分	4.98	行业水平：4.55	平均在线	353	行业水平：69

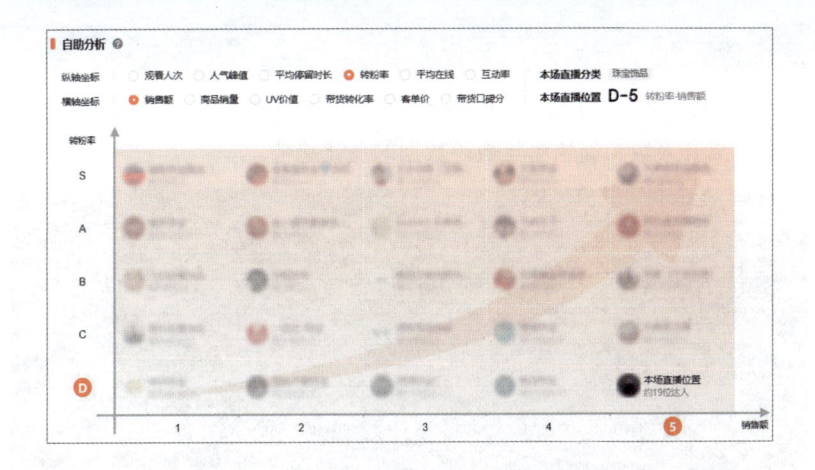

8.8 使用"电商罗盘"进行数据分析

"电商罗盘"是一款由抖音平台提供的数据分析工具,旨在帮助在抖音上直播带货的主播和品牌更好地了解他们的观众群体、产品热度和购买行为等方面的情况。通过"电商罗盘"可以获取直播带货的关键指标和趋势,从而进行数据驱动的运营和决策。

8.8.1 直播前的选品数据分析

通过"电商罗盘"可以找到"直播榜单",并且可以根据"行业类目"统计出榜单。根据榜单不仅可以了解当前该行业中哪个直播间的交易量更高、流量更大,而且可以了解当前流行的产品。

8.8.2 直播中的实时数据分析

在直播过程中可以通过"电商罗盘"进行实时监控,查看在线人数、进入人数、离开人数、新增粉丝数等数据的变化趋势。

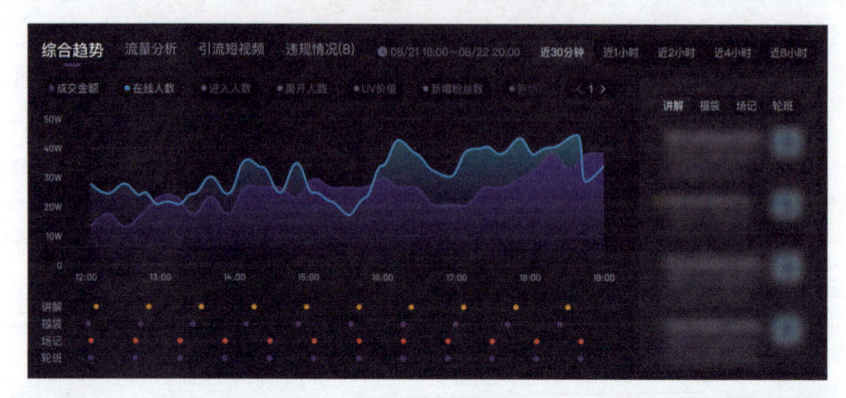

8.8.3 直播后的诊断数据分析

直播之后还可以通过"电商罗盘"复盘本次直播带货表现。选择"抖音电商罗盘"→"直播复盘/列表"→"诊断"命令即可进行复盘。

8.9 直播带货数据优化

在对自己的直播数据进行分析后,发现多项数据较低,那么就要对此进行整改。

8.9.1　带货口碑低

如果带货口碑低于行业平均水平，则需要进一步提升口碑分值。直播带货口碑分值越高，消费者的信任度就越高。带货口碑低的影响因素有以下几种，需要据此进行相应改进。

```
产品选择和品质把控                    直播内容和互动性

                    带货口碑低

主播形象和专业度                     售后服务和用户体验
```

（1）产品选择和品质把控：关注产品的选择和品质，确保带货的产品符合目标受众的需求，并且具备良好的品质和性能。通过选择高品质的产品，使消费者更加信任和满意。

（2）主播形象和专业度：提升主播的形象和专业度，包括衣着、言谈举止、知识储备等方面。主播应该具备一定的专业知识，能够真实、准确地介绍产品，并与观众建立良好的沟通和信任关系。

（3）直播内容和互动性：注重直播内容的多样性和趣味性，不仅仅是简单的产品介绍，还可以加入一些有趣、创新的元素，如互动游戏、抽奖活动等，吸引观众的注意力和参与度。

（4）售后服务和用户体验：关注售后服务和用户体验，及时回应和解决观众的问题和反馈。提供良好的售后服务，对用户的意见与建议进行重视和改进，让观众感受到关怀和信任。

8.9.2　平均停留时长短

如果观众平均停留时长低于行业平均水平，则需要优化观众停留时长，这样能更好地提升带货转化率。平均停留时长短的影响因素有以下几种，需要据此进行相应改进。

```
内容质量                          营销手段

产品展示         平均停留时长短      直播时段选择

互动体验                          直播间布局
```

（1）内容质量：确保直播内容有足够的吸引力和娱乐性，提供有价值的信息和娱乐内容，以吸引观众的注意力并延长他们的停留时间。可以通过互动、展示产品特点、分享使用心得等方式提升内容质量。

（2）产品展示：在直播过程中，优化产品的展示方式和效果。使用高清摄像头和灯光，确保观众能够清晰地看到产品细节。同时，展示产品的不同用途、搭配方式和效果，以激发观众的兴趣和好奇心。

（3）互动体验：增加观众的互动体验，如回答观众提问、与观众互动交流、开展抽奖活动等。这样可以提高观众的参与度和延长观众的停留时间。

（4）营销手段：运用营销手段吸引观众的关注，如提前预告、限时优惠、赠品活动等，通过提供独特的优惠和福利来吸引观众留下来，并激发他们的购买欲望。

（5）直播时段选择：选择适合目标观众的直播时段，了解他们的上线时间和消费习惯，以便在观众活跃度高的时间段进行直播，延长观众的停留时间。

（6）直播间布局：优化直播间的布局和设计，使观众能够一目了然地找到自己感兴趣的内容和产品。清晰的分类和导航以及明确的标题和标签，有助于吸引观众留下来浏览更多内容。

8.9.3　带货转化率低

例如，本场带货转化率为 1.09%，低于行业平均水平（假设行业平均水平为 1.51%），那么说明进入直播间的人数多，但是实际购买的人数却比较少。一方面说明直播间的留人技巧差，另一方面也说明了选品可能存在一定的问题。带货转化率低的改进方法如下。

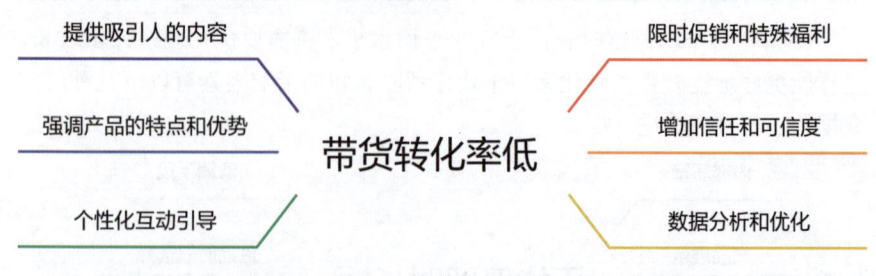

带货转化率低	
提供吸引人的内容	限时促销和特殊福利
强调产品的特点和优势	增加信任和可信度
个性化互动引导	数据分析和优化

（1）提供吸引人的内容：在直播中，吸引人的内容很重要。主播应提供有趣、有价值且与直播主题相关的内容，如产品介绍、使用演示、搭配建议

等，以吸引观众注意并促进购买。

（2）强调产品的特点和优势：清晰传达产品的特点、优势和价值，帮助观众理解购买的价值。使用实例、用户评价或亲身体验进行推荐。

（3）个性化互动引导：与观众互动和沟通是提高转化率的关键。例如，及时回答问题、给予个性化建议、引导购买行为和提供优惠码或购买链接。

（4）限时促销和特殊福利：创建紧迫感，通过限时促销、特殊福利或限量商品激发观众的购买欲望。例如，限时折扣、赠品或购买一定数量的产品可获得额外优惠等。

（5）增加信任和可信度：信任对购买决策至关重要。通过分享专业知识、展示真实使用效果或提供他人真实反馈来提高观众的信任感。与品牌合作、获得认证或提供售后服务等也可以增加可信度。

（6）数据分析和优化：通过数据分析观察观众行为、转化率和购买情况，了解有效内容和策略，以优化改进。尝试新策略，根据观众的反馈数据进行调整。

8.9.4　互动率低

互动率低是指当日观众平均停留时长低于行业平均水平。更高的互动率也会带动其他带货数值趋向于更好。互动率低的改进方法如下。

强调互动性

实时回应观众

设计趣味互动环节

互动率低

设计个性化互动环节

制作精彩的内容

（1）强调互动性：在直播中积极引导观众参与互动。例如，提出问题、征求观众的意见和建议，通过抽奖、答题等方式鼓励观众积极参与等，增加互动的乐趣和吸引力。

（2）实时回应观众：及时回答观众的问题和留言，与观众互动沟通，让观众感受到他们的参与和关注是被重视的，增加观众的参与感和黏性。

（3）设计趣味互动环节：设计一些有趣的互动环节。例如，设计抽奖、拼图游戏、猜价格等，让观众参与其中，激发观众的兴趣和互动欲望。

（4）设计个性化互动环节：根据观众的兴趣和特点，设计一些个性化的互动环节。例如，与观众进行一对一的视频互动、送出观众心仪的礼物等，增强观众的参与度和忠诚度。

（5）制作精彩的内容：直播过程中，要保证内容的高质量和保持对观众的吸引力，提供有趣、有价值的信息和产品介绍，让观众真正受益，从而提高他们参与互动的意愿。

8.9.5 粉丝团新增人数少

例如，本场直播中粉丝团新增的人数很少，那么可以通过一些技巧增加粉丝团的人数。粉丝团新增人数少的改进方法如下。

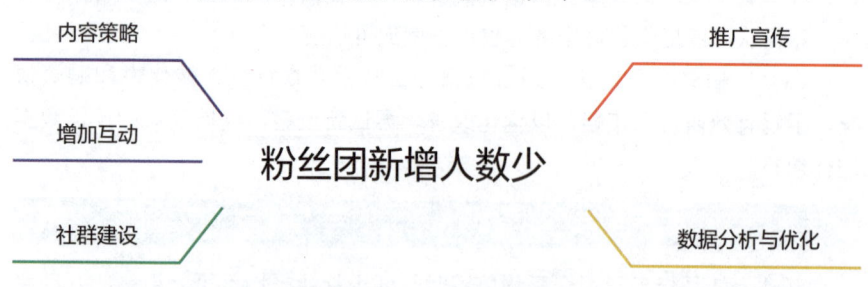

```
内容策略                              推广宣传

增加互动         粉丝团新增人数少

社群建设                              数据分析与优化
```

（1）内容策略：确保直播带货内容具有吸引力和互动性，提供有趣、有用且与目标受众相关的内容。可以尝试多样化的内容形式，如教程、娱乐、挑战等，以吸引更多观众加入粉丝团。

（2）增加互动：与观众积极互动、回答问题、解疑答惑，并针对观众的留言进行回复和提问。还可以通过抽奖、打卡、互动游戏等方式增加观众参与度，激发他们加入粉丝团的兴趣。

（3）社群建设：在直播过程中，着重强调粉丝团的重要性，并提供特殊权益和福利，如折扣、专属活动等，以吸引观众加入粉丝团。此外，定期组织线上活动、话题讨论活动等，促进粉丝之间的互动和交流。

（4）推广宣传：积极利用抖音平台的推广工具，如抖音广告、合作推广等，提升直播的曝光度和观众数量。此外，可以与其他KOL（key opinion leader，关键意见领袖，通常指专家、名人或社交媒体的知名人物）或明星合作，进行跨界合作和互推，吸引更多的观众关注和加入粉丝团。

（5）数据分析与优化：通过对以往直播数据的分析，了解粉丝团新增的情况和关键指标，找到可能的问题和改进点。根据数据分析的结果，调整直播策略、内容和互动方式，持续优化直播带货的效果。

8.9.6 客单价高

例如，本场直播带货产品的客单价为194.99元，高于行业水平（125.11元），因此在价格上与同行比较不占优势，这就直接导致直播带货时的带货转化率较低。在价格较高的情况下，观众可能通过比较价格，去其他直播间进行购买。客单价高的影响因素有以下几种，需要据此进行相应改进。

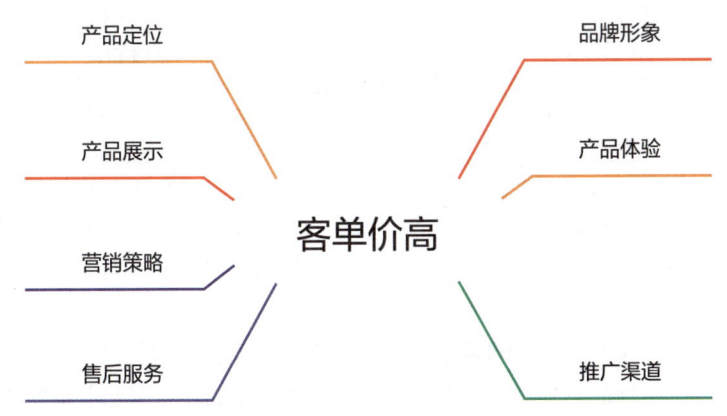

```
产品定位                          品牌形象

产品展示                          产品体验

              客单价高

营销策略                          

售后服务                          推广渠道
```

（1）产品定位：确保产品的定位与目标受众相匹配。了解目标受众的购买能力和消费倾向，选择适合他们的高品质、高附加值产品，避免过高或过低的价格定位。

（2）产品展示：通过直播的形式充分展示产品的特点、功能和优势，使用高质量的视频吸引目标受众并提高产品的知名度和价值感。

（3）营销策略：制定有针对性的营销策略，如限时折扣、套装优惠、积分兑换等，以激发消费者的购买欲望。

（4）售后服务：提供优质的售后服务，包括退换货政策、订单跟踪和客户咨询等，以增强消费者对产品的信任感和满意度。

（5）品牌形象：建立和维护良好的品牌形象，包括品牌故事、品牌价值观和品牌声誉等，以增加产品的品牌溢价和消费者对产品的价值认同。

（6）产品体验：提供优质的产品体验，包括包装精美、物流快速、售后及时等，以提高消费者对产品的满意度和购买体验，进而提高客单价。

（7）推广渠道：将直播带货与其他推广渠道相结合，如社交媒体、网站、线下实体店等,提高产品的曝光度和拓宽产品的销售渠道,从而合理提高客单价。

8.9.7 转粉率低

若直播带货的转粉率偏低,则说明直播内容及主播对粉丝的吸引力不够。转粉率低的影响因素有以下几种,需要据此进行相应改进。

- 内容策略
- 主播形象
- 直播互动
- 产品展示
- 营销手段
- 数据分析

转粉率低

(1)内容策略:优化直播内容的吸引力和互动性,确保直播内容与目标受众的兴趣相符。提供有价值的信息和娱乐活动,吸引更多观众的关注和参与互动。

(2)主播形象:打造有吸引力和专业形象的主播,包括外貌、穿着、语言表达等。主播的形象和个人魅力对吸引粉丝和提高转粉率起着重要作用。

(3)直播互动:增加与观众的实时互动,回答观众提问、答疑解惑,并积极参与互动活动,如抽奖、福利等,提高观众的参与度和黏性。

(4)产品展示:优化产品展示方式,确保清晰度、色彩还原度等,让观众充分了解产品的特点和优势。同时,提供详细的购买链接和优惠信息,方便观众直接购买。

(5)营销手段:结合抖音平台的特点,利用抖音的互动功能和社交分享机制,增加直播的曝光度和传播范围,吸引更多潜在粉丝的关注和转化。

(6)数据分析:通过分析观众的喜好、行为等数据,了解观众的需求和偏好,从而调整直播内容和营销策略,提高转粉率。

8.9.8 平均在线人数少

若直播带货的平均在线人数少,则说明直播带货缺少技巧。一方面留不住人,另一方面平台推荐进入直播间的人数少。平均在线人数少的改进方法如下。

```
直播时间选择                     提供特殊福利

直播内容优化
                  平均在线人数少   联合营销
预热和推广

直播互动                          数据分析
```

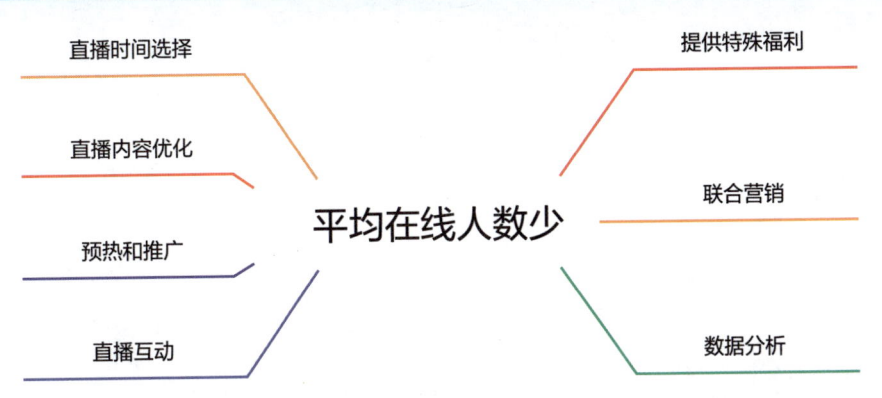

（1）直播时间选择：选择适合目标受众在线习惯的时间段进行直播，根据观众的活跃时间和偏好来确定最佳直播时间，提高平均在线人数。

（2）直播内容优化：确保直播内容有吸引力和独特性，符合目标受众的需求和兴趣。提供有趣、有价值的内容，吸引更多观众的关注和参与互动。

（3）预热和推广：提前宣传直播内容，通过抖音平台的短视频、朋友圈分享等方式进行预热，吸引更多观众关注。同时，可以借助明星或网红的合作推广，扩大直播的影响力和曝光度。

（4）直播互动：增加与观众的实时互动，回答观众提问、答疑解惑，并积极参与互动活动，如抽奖、福利等，提高观众的参与度和黏性，从而使观众停留在直播间的时间更长。

（5）提供特殊福利：在直播中提供优惠、折扣或福利，激发观众的购买欲望，并鼓励他们停留在直播间。

（6）联合营销：与其他主播或品牌进行合作，共同举办联合直播活动，吸引更多观众的关注和参与，提高平均在线人数。

（7）数据分析：通过分析观众的喜好、行为等数据，了解观众的需求和偏好，从而调整直播内容和营销策略，提高平均在线人数。